Glück auf …

Glück auf, Glück auf !
Der Steiger kommt,
und er hat sein helles Licht
bei der Nacht,
und er hat sein helles Licht
bei der Nacht
schon angezündt,
schon angezündt.

Hat's angezündt,
's wirft seinen Schein,
und damit so fahren wir
bei der Nacht,
und damit so fahren wir
bei der Nacht
ins Bergwerk ein,
ins Bergwerk ein.

Ins Bergwerk ein,
wo die Bergleut' sein,
die da graben das Silber
und das Gold bei der Nacht,
die da graben das Silber
und das Gold bei der Nacht
aus Felsgestein, aus Felsgestein.

Der eine gräbt das Silber,
der andere gräbt das Gold.
Und dem schwarzbraunen Mägdelein
bei der Nacht,
und dem schwarzbraunen Mägdelein
bei der Nacht
dem sein sie hold,
dem sein sie hold.

Bibliografische Information der Deutschen Nationalbibliothek: Die Deutsche Nationalbibliothek verzeichnet diese Publikation in der Deutschen Nationalbibliografie; detaillierte bibliografische Daten sind über dnb.d-nb.de abrufbar.

Die Herausgeber dieses Heftchens

Carsten Kiehne gehört seit vielen Jahren zu den renommiertesten Kennern der Harzer Sagenwelt. Als Autor und Herausgeber vieler Bücher wie „Die bekanntesten Sagen aus dem Ostharz & ihre geheime Bedeutung", „Mythen, Sagen und Märchen um und über Thale", „Kräutersagen aus dem Harz", „Sagenhaftes Glück" & „Sagenhafte Sagensammler" sowie TV- Auftritten wie in der MDR Produktion „Wie die Roßtrappe und Bode ihren Namen bekamen" ist er überregional bekannt. Als Initiator der Interessensinitiative „Sagenhafter Harz" gibt er Workshops und Führungen zum Thema im gesamten Harz.

(Dipl.Soz.Päd., Autor, Sagenerzähler, Wanderführer, Reiki-Meister, Meditations-lehrer > www.sagenhafter-harz.com)

Manuela Petri begeistert mit ihrem „Glückstraining", ganz gleich, ob in privaten Wanderführungen, im Rahmen vom Schulunterricht oder als Workshop in renommierten Kliniken. Sie liebt das Licht & den Schatten & zeigt gerade durch die Annahme ungeliebter Anteile, wie es uns gelingt, diese heilsam & ganzheitlich zu integrieren. Als Co-Autorin des Buches „Sagenhaftes Glück" zeigt sie mittels diverser Achtsamkeitsübungen auf, wie wir uns in die Natur einfühlen, dabei die eigene Natürlichkeit entdecken & die Schönheit des Lebens begreifen können!

(Glückstrainerin, Mediengestalterin, Tischlerin, Reiki-Meisterin a.d.W. & Entspannungstrainerin i.A. > manupetri@web.de)

Impressum

Texte & Titelbild	© Copyright by Carsten Kiehne
Fotos:	© Copyright by Carsten Kiehne
Bild- & Coverbearbeitung:	© Copyright by Manuela Petri
Herstellung & Verlag:	BoD - Books on Demand, Norderstedt
Satz, Layout :	Selbstverlag SAGENHAFTER HARZ
	www.sagenhafter-harz.com & carsten.kiehne@gmx.net
Erstveröffentlichung & ISBN:	Dezember 2020, 978-3-751999410

Vom sagenhaften Inhalt

Bilder von oben: Elnhornhöhle bei Scharzfeld, Klus bei Halberstadt, Hamburger Wappen bei Timmenrode & Höhlenwohnung bei Langenstein

Der Zauber der Berge

„Auf was haben wir uns bloß eingelassen???"

Was hat uns bloß geritten, eine Sagen- & Märchenzeitung zum Bergbau zu schreiben? Klar, gibt's genug Geschichten … weit über 250 Sagen von Zwergen, Venedigern, dem Bergmönch & dem harten Wirken unter Tage kennt unser wunderschöner Harz. Der Bergbau an sich, war aber nie wirklich unser Ding. Wir finden große, tiefe Höhlen eher beängstigend & leiden stets mit Mutter Erde, wenn wir sehen, wie tief sich die Menschen mit ihren Maschinen für den schnöden Mammon in sie hineinfressen.

Möchte man aber vom Harz schreiben, kommt man um das Thema Bergbau nicht herum, hat dessen weit über 1000jährige Geschichte das Gesicht unseres Gebirges massiv verändert, im Schlechten – durch Ausbau eines Straßen & Schienennetzes, Ausbeutung der Berge & oftmals wenig nachhaltige Forstwirtschaft & Anlegen von Monokulturen, wie den Fichtenwäldern, die gerade durch Borkenkäfer & Dürre flächendeckend zugrunde gehen – wie auch im Guten: So brachte der Bergbau wirkliche Schätze zu Tage & war ein wichtiger Wirtschaftsfaktor, der das Erblühen von Städten (wie Goslar) erst ermöglichte. Er gab den Menschen Arbeit, Lohn & Brot und die Harzer, sie entwickelten wahre Künste dabei, den Bergen die Schätze abzuringen. Ihre Erfindungen (die Fahrkunst, das Drahtseil etc.) eroberten die ganze Welt & schufen mit dem „Oberharzer Wasserregal", neben dem Weltkulturerbe, eine der schönsten & eindrucksvollsten Regionen unseres Landes!

Wir bewundern jene Menschen, die sich den Gefahren (Dunkelheit, Absturz, Erschlagen, böse Wetter, reißende Ketten & Seile, zerbrechende Kunstgestänge, Gas- & Staubexplosionen) täglich stellten & deren Glaube viel fester & unerschütterlicher war, als die Felswände um sie herum. „Glück auf", wünschten sie einander & vielleicht können ihre alten Geschichten uns lehren, wie es trotz wirrer Zeiten wieder Bergauf gehen kann!?

Diese Ausgabe unserer Sagen- & Märchenzeitung widmet sich also neben dem Thema Bergbau, dessen Geschichte, wichtiger Erfindungen im Harz, der eigenen Bergmannsprache & der Zusammenstellung all unserer Besucherbergwerke, Museen & Schauhöhlen, auch den Schätzen (Heilsteinen) der Berge, dem Brauchtum, dem Glauben der Bergleute, auch an seltsame Naturerscheinungen, Andersweltwesen & der Faszination, die eine Höhle seit Anbeginn der Zeit auf Menschen macht:

Höhlen waren seit jeher Zugänge zur Anderswelt, Pforten in das Reich der Zwerge, Übergang zur Frau Holle, der Mutter Erde. Wir alle kommen aus einer solchen Höhle, ist doch das Geborenwerden, nachdem wir in unserer Mutter so lange weich und warm geborgen waren, nichts anderes, als das aus der tiefstillen Dunkelheit wieder ans Licht zu kommen. Wir alle leben in einer Höhle (unserer Wohnung), fahren darin zur Arbeit (Auto, Bus oder Bahn) & gehen dahin zurück, am letzten unserer Tage (Sarg, Gruft etc.)! Unsere Vorfahren suchten nachweislich auch Höhlen auf, um dort in Ruhe zu sterben. So fanden Forscher unter der Burgruine Lichtenstein bei Osterode, einen 115 Meter langen Höhlengang, die Kult- & Begräbnisstätte einer hochangesehenen Familie der frühen Bronzezeit war. Über 70 Skelette & zahlreiche Bronzefunde lagen darin seit gut 3000 Jahren verborgen – der herausragendste bronzezeitliche Fundplatz Deutschlands. Das aber war nicht das eigentliche Kuriosum: Eine DNA-Analyse des genetischen Fingerabdrucks der Höhlenmenschen, der mit einigen hundert, heute ansässigen Anwohnern der Region verglichen wurde, ergab bei zwei Männern eine direkte Nachkommenschaft. Einer von Beiden, Manfred Huchthausen, ein waschechter Harzer aus Förste, der nach eigener Aussage den Harz nur seiner Frau zuliebe verlässt, hat demnach eine Ahnenreihe, die sich 3000 Jahre & etwa 130 Generationen zurückverfolgen lässt. So kann sich unser Harz damit rühmen, den längsten & ältesten Stammbaum der Welt zu haben!

Mögen wir uns also von den unzähligen Wundern über & unter Tage verzaubern lassen - ... es grüne die Tanne, es wachse das Erz, Gott schenk uns allen ein freundliches Herz!

Sagenhaft schöne Stunden mit dieser Ausgabe, deine Manuela & dein Carsten

Auswahl öffentlicher Termine

Tag	Zeit	Veranstaltungsname	Preis
1.Dienstag im Monat	19:00-20:30	Ab Oktober: Sagenhaftes Glück, Märchenabend im Clubraum, Paracelsus-Harzklinik in Bad Suderode	Spende
2.-4. Dienstag im Monat	18:30-20:30	Ab Oktober: Sagenhafte Abendwanderungen Paracelsus-Harzklinik in Bad Suderode	Spende
19.-21.02.21	Siehe Hom.	Wochenendworkshop: Grundlagen der Meditation	220,-€ pP
20.03.21	14:00-18:00	Workshop: Frühlingsrituale („Das Oster- & Walpurgisfest heute sinnvoll feiern")	35,-€ pP
10.04.21	14:00-18:00	Workshop: Die Kraft des Wünschens in den Sagen & Märchen	35,-€ pP
23.- 25.04.	Siehe Hom.	Wochenendworkshop „Achtsame Schritte auf dem Teufelsmauerstieg"	220,-€ pP
29.05. & 30.05.21	Siehe Homepage	Wochenendworkshop: „Die wahren Magier – Bäume" Programm nach unserem Buch „Bäume – heilig & heilsam"	190,- € pP
18. - 20.06.	Siehe Hom.	Basis-Workshop zum Sagen- & Märchenerzähler	220,-€ pP
26.06.21	14:00-18:00	Workshop: Sommerrituale („die Kraft der Sonne zum inneren Wachstum nutzen")	35,-€ pP
23.- 25.07.	Siehe Hom.	Wochenendworkshop: „Initiation & SOLO-Zeit"	220,-€ pP
	Siehe Homepage	Wochenendworkshop: Erlebe die Kraftorte von Hexentanzplatz, Bodetal & Rosstrapp; Treffpunkt: Thale Bahnhof	190,-€ pP
18.09.21	14:00-18:00	Herbstrituale („Ernterituale & die Heilkraft des Dankens in den Sagen")	35,-€ pP
25.09.- 26.09.21	Siehe Homepage	Wochenendendworkshop: „Kraftplätze erleben" am Beispiel der sagenumwobenen Heiligtümer Blankenburgs	190,-€ pP
...	...	*Freut euch auf mehr ...*	

5

Natürlich gibt es weit mehr öffentliche Termine & Führungen zu sagenumwobenen Orten, mit Bergmönch, Raubritter, Druide, Teufel oder Hexe, die erst im Laufe der nächsten Monate hinzugefügt werden. Wir bitten um Verständnis: Die meisten Veranstaltungen lassen nur eine begrenzte Teilnehmerzahl zu. Wer sich zuerst verbindlich anmeldet, bekommt den Platz! (Verbindlich angemeldet ist jene Person, deren Teilnehmerbeitrag eingegangen ist)

Lust auf eine individuelle Führung?

Selbstverständlich kannst du uns gerne für dein Event (Geburtstag, Hochzeit oder ein etwaiges Jubiläum) buchen! Frag' einfach an: Für Gruppen von 5-105 Jahren erstellen wir dir gerne individuelle Führungen oder Erzähl-Veranstaltungen – *auch als weihnachtlicher Gutschein zum Verschenken!* (Preis nach Vereinbarung) **carsten.kiehne@gmx.net**

Sagenerzähler Carsten Kiehne als Bergmann in Bad Suderode

Vergangenes & Neuigkeiten

Einblick in unseren Wochenendworkshop „Kraftplätze erleben"

Kaum ein Tourist ahnt, welch altheiligen Pfade er betritt, wenn er Hexentanzplatz & Rosstrappe erklimmt. Wir sprechen nicht umsonst von der bedeutsamsten vorchristlichen Kultstätte Europas, von Kraftorten, die unsere Vorfahren schon vor 7.000 Jahren aufsuchten & immerhin vor ca. 2.500 Jahren die keltischen Höhenfestungen „Homburg & Winzenburg" auf den Bergrücken errichteten. Mich faszinieren die Thalenser Sagen schon seit Ewigkeiten, nicht nur, weil ich meine, dass viele von ihnen Überbleibsel der germanischen Mythologie sind. Sagen erzählen vom alten Glauben, vom Denken unserer Vorfahren, von alten Jahreskreisfesten & davon, wie sie ganz individuell ihr Glück schmiedeten.

Mit einer kleinen Gruppe waren wir unterwegs, die Kraftplätze Thales kennenzulernen & achtsam zu erspüren. Bei herrlichem Sonnenschein wanderten wir durchs Bodetal, bewunderten eingemeißelte Steinskulpturen, das Teufels- oder Taufbecken unserer Ahnen & erlebten an-hand der Sagenwelt eine kleine Initiation. Wer meint, die Altvorderen hätten uns nichts hinterlassen, irrt gewaltig. Neben den alten Wällen (Sachsenwall etc.), erzählen Runen- & Opfersteine, sowie Felseinritzungen vom alten Ritualen, die unsere Ahnen an bestimmten Tagen abhielten. Solche Rituale haben auch heute noch die Kraft, uns zu uns selbst zu führen. Jeder Schritt auf einem alten Kraftort kann uns bewusster machen, unser Bewusst-sein vertiefen. So war diese Reise im Spätherbst, in der uns auch die Natur an etwas Wesentliches erinnert, ein gute Erinnerung dafür, uns selbst zu betrachten:

Welche alte Themen (Sorgen, Schuldgefühle etc.) wollen losgelassen werden, wie eben die Bäume ihr Laub abwerfen? Die Natur ist im Wandel! Welche Abschiede, Veränderungen musste ich in diesem Jahr hinnehmen &, welche Emotionen stauen sich noch im Körper, wie dort unten im Tal die Bode? Was bedarf es, diese Energien zum Fließen zu kriegen? Mut, Zuversicht, den geschützten Raum, eine gute Gemeinschaft? Die Runen am Opferstein & dessen Geschichten, erzählen von den alten Pfaden, die viele Menschen vor uns gegangen sind, um sich mit Hilfe der Natur, mit der Kraft von Ort & Zeit & liebevoller Zuwendung, bewusster zu werden & sich am Ende selbst zu heilen. Heilung durch Dankbarkeit & dem Entschluss, durch den alten Schmerz zu gehen, die Dunkelheit anzuerkennen, zu durchleben & sich durch achtsame, liebevolle Selbstbegegnung am Ende wieder dem Licht zuzuwenden. Das war teils ganz schön innere Arbeit, bei der Ort, Zeit, Gruppe & Sage halfen. Besonders eindrucksvoll für mich, war der Moment, an dem die gesamte Gruppe den Mut aufbrachte, sich am Sargstein der Teufelsmauer, in den Tod & anschließend ins Leben hineinzustellen – welch ein Frieden, welch eine Befreiung, den Wandel in der Natur, als Teil von mir zu begreifen, zu durchleben!

Ich freue mich schon auf unsere nächste gemeinsame Reise, die wir auf alten Pfaden an heiligen Orten antreten!
Fühl dich von Herzen gegrüßt, dein Sagen- & Märchenerzähler Carsten

Wie der Bergbau im Harz seinen Anfang nahm

Der Name Rammelsberg

Als Kaiser Otto I. auf der Harzburg Hof hielt und im unwegsamen Harzgebirge jagen ließ, begab es sich, dass sein vornehmster Jäger, Ramm mit Namen, ausgeschickt ward, um einem weißen Hirsch nachzustellen. Das war wahrlich eine sagenumwobene und darum kostbare Trophäe. Dieser Hirsch ließ sich aber nur manchmal im Vollmond blicken, worauf man dessen silbernes Fell trotz dunkler Nacht von weitem schimmern sehen könne.

Einmal ritt der Ritter Ramm nun in einer weißen Winternacht bei vollem Monde einen steilen Berg empor und sah inmitten zwischen den Klippen das silberne Fell des begehrten Tieres aufblitzen. Da spornte er sein Ross zu immer schnellerem Lauf den Berg hinauf, bis das Pferd am Steilhang keinen Schritt mehr in die Höhe steigen wollte. Kurzerhand band er es an einem Baume fest und folgte dem Hirsch zu Fuß. Ramm sah dessen Fährte ganz deutlich im Schnee, watete hintendrein und war kurz davor, den Hirsch einzuholen, sah ihn schon, hatte seinen Bogen gespannt, als das Tier doch wieder und wieder schnell im Unterholz verschwand. Geduldig stellte Ritter Ramm dem Hirsch noch nach, bis die Sonne im Osten über die Berge lugte, da war es Zeit, zurück zum Ross zu eilen, aber siehe da …

… sein Pferd hatte ungeduldig auf seinen Herren wartend den Schnee zu den Vorderfüßen weggescharrt. Zum Vorschein kam viel silbernes Gestein, ja, ein ganzer Erzgang ward so freigelegt, wovon Ramm dem Kaiser eine Stufe Silber mit an die hohe Tafel brachte. Was das für eine Freude war, kann man sich wohl denken. Gleich ließ der Kaiser erfahrene Bergleute aus dem Frankenlande kommen, die aus dem großen Berg tatsächlich viel kostbares Gestein zu Tage förderten. Man verkündete dem Kaiser gar, dass die unterirdischen Reichtümer so gewaltig wären, dass man tausend Jahre graben könne und sie doch nicht dem Ende zugingen. Am Fuße des Berges begründete Otto I. eine Ansiedlung mit fester Burg, die später den Namen Goslar

tragen sollte. Dem Ritter ward die Ehre zuteil, dass man den Berg nach ihm benannte. Noch heute trägt die Anhöhe bei Goslar den Namen „Rammelsberg".

Noch oft sah man den Ritter Ramm in den Vollmond-nächten auf den Rammelsberg reiten, nicht aber um den Hirsch zu schießen, vielmehr um dem Tier zu danken.

(aufgeschrieben von Carsten Kiehne in „Sagenhafter Nordharz", 20,-€ - spannende Geschichten & Hinweise zu exklusiven, erwanderbaren Geheimtipps! ☺ Das Buch ist überall dort erhältlich, wo es eben Bücher gibt!)

Carsten Kiehne   carsten.kiehne@gmx.net - 0160/99557252

Definitiv bereits weit vor unserer Zeitrechnung …

… begann man, den Harzer Bergen, metallhaltiges Gestein abzuringen. Vorstellen müssen wir uns den einstigen Abbau der Erze hauptsächlich erst einmal im Unterharz. Hier wurde zunächst nur in Oberflächennähe, aus kleinen, natürlichen Gängen oder Pingen, Erze geschlagen, worauf man diese in Rennöfen auf den windumsausten Bergkuppen verhüttete. …

300 1. Nachweis von Buntmetallverhüttung bei Düna/Osterode

500 Bergbau am Rammelsberg

968 1. Urkundliche Erwähnung des Bergbaus am Rammelsberg

1000 Erzgewinnung & Verhüttung im Oberharz

1129 Gründung des Zisterzienserklosters Walkenried; Beteiligung am Harzer Montanwesen; bis ins 13. Jahrhundert führte das zur Blütezeit des Berg-baus & Hüttenwesens; Aufsuchen von Gangausbissen an der Erdoberfläche & Abbau von oberflächennahen Erzpartien mit Schlägel & Eisen

1166 Zerstörung der Goslarer Gruben durch Heinrich dem Löwen

1200 Kupferschieferbergbau, Grafschacht Mansfeld

1200 Gründung des Benediktinerklosters Cella im Gebiet der späteren Bergstadt Zellerfeld

1250 Nachweis erster Wasserräder zur Energieversorgung von Hüttenwerken bei Seesen

1287 1. urkundliche Erwähnung des Bergbau bei St. Andreasberg

1350 Schwere Pestepidemien bringen den Harzer Bergbau für 100 Jahre zum Erliegen

1480 Aufschwung in den Rammelsberger Gruben durch Sümpfung großer Teufen/Aufblühen Goslars

1495 Aufnahme des Straßberger Silberbergbaus

1509 Annaberger Bergordnung erlassen, Vorbild für spätere Berggesetzgebung im Harz

1530 Zuwanderung von Bergleuten aus dem Erzgebirge, Aufschwung des Silberbergbaus

1564 „Kunst mit krummem Zapfen"(Pumpen) zuerst am Rammelsberg eingesetzt, um Tiefbaue zu sümpfen; Beginnender Erztansport – schiebend oder ziehend – mit Hunten auf Holzbohlen

1601 Verlegung der Münze nach Zellerfeld

1620 Einführung des Kehrrads zur Erzförderung

1632 Einführung der Schießarbeit im Oberharz

1678 1. Versuche in Clausthal Windkraft zum Antrieb von Pumpen einzusetzen

1703 Gründung der Clausthaler Bergbaukasse

1714 Bau des Oderteiches für den St. Andreasberger Bergbau, älteste Talsperre Deutschlands

Carsten Kiehne   carsten.kiehne@gmx.net - 0160/99557252   www.sagenhafter-harz.com

1722   Kornmagazin für Oberharz in Osterode

1748   Erfindung der Wassersäulenmaschine

1750   Der Harz ist fast baumlos, Holzkohlegewinnung

1773   Erfindung des Weiszeugs (Teufenanzeiger) von Oberbergmeister Stelzner in Clausthal

1775   Gründung der Bergschule Clausthals; 1. Guß-eiserne Schienenstrecken für den Erztransport im Harz

1785   1. Deutsche Dampfmaschine Watt'scher Bauart bei Hettstett (Einsatz im Harz kaum möglich, da es an Steinkohle mangelt)

1803   Bau der 6,5 km langen „Tiefen Wasserstrecke" (in 400 Metern Tiefe) unter Clausthal & Zellerfeld

bis 1892   Erztransport mit Schiffen; Langsames Ende des Erztransports bloß mit Körben, Kiepen & der Schubkarre

1830   Einsatz der weiterentwickelten Wassersäulenmaschine im Oberharz

1833   Erfindung der Fahrkunst durch den Clausthaler Bergmeister Dörell

1834   Erfindung des Drahtseils durch den Clausthaler Bergrat Albert

1838   Beginn des Schwerspatbergbaus im Lauterberger Revier

1849   Verlegung der Clausthaler Münze nach Hannover

1850   Beginn der Gewinnung von Zinkblende

1860   1. Einsatz von gewalzten Schienen, Ausbau eines Schienensystems

1864   Gründung der Bergakademie in Clausthal

1870   Beginn des Braunkohleabbaus bei Bomshausen, Südwestharz

1876   Bau der Eisenbahnstrecke durchs Innerste Tal bis Clausthal; Einführung der maschinellen Bohrung & der Schießarbeit am Rammelsberg

1877   1. Geologische Karte des Harzes von Loggen

1878   Umstellung der Silber- auf Goldwährung

1883   1. Kalisalzförderung am Harly bei Vienenburg

1888   Einführung des maschinellen Bohrens mit Druckluft auf der Grube Samson bei St. Andeasberg

1890   Einsatz von Akkumulatoren- & Fahrdraht-lokomotiven unter Tage

1914   1. Einsatz von Peiner Stahlträgern im Oberharzer Bergbau

1922   Schrittweise Einführung des Flotationsverfahrens

1928   Aufnahme der untertägigen Dachschiefergewinnung bei Goslar

1960   Aufhebung des Oberharzer Wasserregals, neues niedersächsisches Wassergesetz

1966/1968   Technische Hochschule & Technische Universität Clausthal

(aufgeschrieben auch nach Christian Düntgen – Geschichte des Bergbaus im Harz)

9

Warum Schulenberg versank

Früher war Schulenberg eine kleine Bergbau- und Hüttensiedlung, in der die Menschen tagein und tagaus emsig strebten, um das Notdürftigste dem tiefen Walde abzuringen. Immer dann, wenn ein Winter geschafft war, dankten sie es den alten Göttern und den Wesen den Waldes und luden alle zum Festmahl ein. Es störte damals Niemanden, dass nur Wenige die Andersweltwesen sehen konnten. Für die meisten Schulenberger waren sie unsichtbar. „Es brauche eben einen besonderen Blick, für den man sich schulen müsse!", vertrauten die Jungen und ehrten die Alten, die sich diese Gabe durch manches Leid und einige Wunder erarbeitet hatten.

Viele hundert Jahre herrschte Frieden zwischen den Menschen im Tal, den Nixen im Bache, den Zwergen im Fels und den Elfen im Gehölz, bis die Alten immer blinder wurden und die Jungen vergaßen, das Sehen zu erlernen. Mit der Zeit, gruben sich die Menschen immer tiefer in den Fels auf der Suche nach Silber, was den Wichten leidlich missfiel. Für den Bergbau ward der Wald gerodet, ja selbst die heiligen dicken Eschen, welche die Wohnstatt der Elfen waren. Zuletzt warfen viele Unachtsame allen Unrat in den Bach, dass die Nix unter Wasser kaum Luft bekam! „Potzblitz, was genug ist, ist genug!", riefen die Zwerge. „Sie werden immer mehr!", schimpften die Elfen und die Nixe schlug mit der Schwanzflosse empört auf den Boden: „Und obwohl sie immer mehr besitzen, gibt kaum noch jemand mehr freien Herzens!"

Das versunkene Schulenberg

Sicher hätten die Schulenberger Wind von dem Ärger bekommen können – Zeichen gab es genug – doch trugen viele Menschen damals, wie's schien, ihren Kopf nur mit sich herum, um sich aufzublähen oder hübsch auszusehen, nicht aber, um sich nach dem anderen umzusehen! Deshalb beschlossen die Andersweltwesen, es den Menschen heimzuzahlen: Die Elfen riefen den Regen, die Zwerge ließen kalte Winde aus den Bergen strömen, worauf alles vereiste und die Nixe, die hielt alle Wasser bis zum Frühjahr zurück, um dann in der Schneeschmelze mit einem Tosen die Welt zu fluten. Jedes Frühjahr aufs Neue spülte es die Wege aus, die Brücken fort, untergrub die Hütten, die elendiglich zusammenbrachen. Doch Schulenberg litt nicht am Schlimmsten. Unten im Tale der Oker gingen bis Braunschweig die Häuser unter.

Da entschlossen sich die Landesherren endlich einen Damm zu bauen, um den Fluten Einhalt zu gewähren und die Schulenberger wurden umgesiedelt, worauf man 1956 begann, den Okerstausee zu füllen. Da feixten die Zwerge, lachten die Elfen und tummelten sich die Nixen im wunderbaren Nass. Nur bei Niedrigwasser, so heißt es zumindest, sei die Spitze des Kirchturms des alten Schulenbergs zu sehen. Man könne sogar, wenn man genau hinhört, die Kirchglocken läuten und es leise lachen hören!

(aufgeschrieben von Kiehne nach Erzählungen Einheimischer)

Geister in der Baumannshöhle

Von der Baumannshöhe bei Rübeland erzählt Behrens, dass ein gewisser feiner Mann, welcher nicht weit von der Höhle wohnte und deren Kuriositäten ansonsten den Reisenden auf ihr Verlangen präsentierte, sich eines Tages habe einfallen lassen, ganz alleine ohne Gefährten mit einer brennenden Öllampe in die Höhle zu steigen. Darinnen wollte er sie weiter und tiefer erkunden als jemals zuvor. Doch bei der währenden Durchsuchung der Höhle, seien ihm ein Licht nach dem andern verloschen. Zu seinem Unglück hat er auch das mitgehabte Feuerzeug nicht finden können.

Vergebens bemühte er sich die Ausfahrt wieder anzutreffen und sein Herz stockte beim Gedanken daran seinen Lieben nie wieder in die Augen schauen zu dürfen. Drei ganze Tage und Nächte verbrachte er in der Höhle ohne Speis und Trank, tappte im Finstern und irrte so lange umher, bis ihm endlich etwas Sonderbares geschah:

Ein Engel, in der Gestalt eines brennenden Lichtes oder Feuers erschien ihm, kam dichter und dichter heran, wobei ihm ganz warm ums Herz wurde und sich seine Brust weitete, als würde er auf einem Felsen im Freien stehen und auf die Wipfel Rübelands hinaussehen.

Dieser wohlwollende Geist kam näher und schwirrte davon, kam wieder näher und schwirrte weiter, ganz so, als wollte er dem Manne den Weg weisen. Was blieb dem Baumann übrig, er folgte und sah tatsächlich irgendwann Licht aus einer schmalen Felsenkluft und kam aus der Höhle.

Ein Freudentränlein perlte auf den moosig, weichen Waldboden und mit letzter Kraft schleppte er sich den Hügel hinab. „Nur heimwärts", dachte er. An diesem Tag vermochte er seinen Lieben nur noch ein Lächeln zu schenken, bevor er selig in den Armen seines Weibes einschlief.

Am nächsten Morgen, wirkte er sonderlich alt und grau und eingefallen, war aber noch in der Lage von seinem Abenteuer und der wunderlich, unverhofften Errettung zu berichten. Den nächsten Morgen erlebte er nicht, lächelnd war er aus der Welt gegangen. Auch die Fürbitten halfen nicht, sein angsterkranktes Herz zu heilen. Auf dem Bett lag ein Zettel, darauf stand die Botschaft mit zittriger Schrift den Lebenden gewidmet: "Habt Dank für die letzten Momente!" - fast war es seinen Liebsten so, als läge sein helles Lachen noch in der dunklen Stube.

(aufgeschrieben von Carsten Kiehne nach Pröhle in „Sagenhafter Ostharz – fast vergessene Geschichten")

11

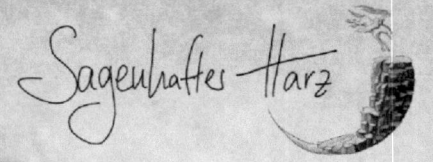

Besucherbergwerke, Besucherhöhlen & Museen

Der Harz ist voll von spektakulären Zeugnissen bergbaulicher Aktivität seit dem Mittelalter. Bis heute kannst du zig Höhlen begehen, alte Schaubergwerke oder Steinbrüche aufsuchen & in Museen etwas zur Bergbaugeschichte des Harzes erfahren. Damit du nicht stunden- & tagelang das Netz durchforsten musst, haben wir hier für dich eine kleine Aufzählung der sehenswertesten Anlagen, ganz gleich ob über oder unter Tage:

Bad Grund: **HöhlenErlebnisZentrum**, An der Tropfsteinhöhle 1, 37539 Bad Grund (Harz), 05327/829391, info@hoehlen-erlebnis-zentrum.de, www.hoehlen-erlebnis-zentrum.de

Bad Grund: **Schachtanlage Knesebeck**; Knesebeck 1; 37539 Bad Grund (Harz) 05327/2858; knesebeckschacht@t-online.de; www.knesebeckschacht.de

Bad Lauterberg: **Besucherbergwerk Scholmzeche**, Kurpark, 37431 Bad Lauterberg im Harz, 05524/853190

Bad Suderode: **Lessinghöhle im Kalten Tal & Landesbergparade am 2. Advent**; Harzklub-Zweigverein Bad Suderode, http://harzklub-bad-suderode.de/

Clausthal-Zellerfeld: **Oberharzer Bergwerksmuseum**, Bornhardtstraße 16, 38678 Clausthal-Zellerfeld, 05323/98950, info@bergwerksmuseum.de, www.oberharzerbergwerksmuseum.de

Elbingerode: **Schaubergwerk Büchenberg**, Büchenberg 2, 38875 Elbingerode, 039454/42200, buero@schaubergwerk-elbingerode.de, www.schaubergwerk-elbingerode.de

Goslar: **Weltkulturerbe Rammelsberg**, Museum & Besucherbergwerk, Bergtal 19, 38640 Goslar, 05321/7500, info@rammelsberg.de, www.rammelsberg.de

Hasselfelde: **Harzköhlerei Stemberghaus**, Stemberghaus 1, 38899 Hasselfelde, 039459/72254, stemberghaus@harzkoehlerei.de, www.harzkoehlerei.de

Langenstein: Höhlenwohnungen Langenstein

Lautenthal: **Bergbaumuseum „Lautenthals Glück"** gGmbH, Wildemannerstr. 15- 17, 38685 Langelsheim, 05325/4490, info@lautenthals-glueck.de, www.lautenthals-glueck.de

Mägdesprung: **Technisches Denkmal Carlswerk**, Kreisstraße 21, 06493 Harzgerode OT Mägdesprung, 039484/723287, stadtinfo@harzgerode.de, www.harzgerode.de/verzeichnis/objekt.php?mandat=81555

Netzkater/Ilfeld: **Rabensteiner Stollen**, Steinkohlen-Besucherbergwerk, 99768 Ilfeld, OT Netzkater, 036331/48153, info@rabensteiner-stollen.de, www.rabensteiner-stollen.de

Rottleben: **Barbarossahöhle** im GeoPark Kyffhäuser, Mühlen 6, OT Rottleben, 99707 Kyffhäuserland, 034671/5450, service@hoehle.de, www.barbarossahoehle.de

12

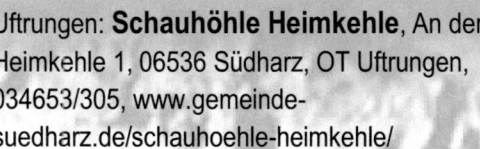

Rübeland: **Rübeländer Tropfsteinhöhlen**, Tourismusbetrieb Oberharz am Brocken, Blankenburger Straße 35, 38889 Oberharz am Brocken, OT Rübeland, 039454/49132 & 039454/53475, info@harzer-hoehlen.de, www.harzer-hoehlen.de

Sankt Andreasberg: **Grube Samson**, Bergwerksmuseum & Erlebniszentrum, Am Samson 2, 37444 Sankt Andreasberg, 05582/1249, info@grube-samson.de, www.grube-samson.de

Sankt Andreasberg: **Lehrbergwerk Roter Bär**, Dr.-Willi-Bergmann-Str. 28, 37444 Sankt Andreasberg im Harz, info@lehrbergwerk.de, www.lehrbergwerk.de

Sankt Andreasberg: **Rehberger Grabenhaus am Oberharzer Wasserregal**, Waldgaststätte & ErlebnisGastronomie, Volker Thale, 37444 Sankt Andreasberg, 05582/789, rehberger.grabenhaus@gmx.de, www.rehberger-grabenhaus.de

Scharzfeld: **Einhornhöhle**, Haus Einhorn, OT Scharzfeld, 37412 Herzberg am Harz, 05521/997559, mail@einhornhoehle.de, www.einhornhoehle.de

Sondershausen: **Erlebnisbergwerk Brügmanschacht** Betreibergesellschaft mbH, Schachtstraße 20, 99706 Sondershausen, 03632/655280, www.info-harz.de/Attraktion-Brügmanschacht_7_38_232.html

Straßberg: **Bergwerkmuseum Glasebach**, Glasebacher Weg, 06493 Harzgerode OT Straßberg, 039489 226, post@grube-glasebach.de, www.grube-glasebach.de

Uftrungen: **Schauhöhle Heimkehle**, An der Heimkehle 1, 06536 Südharz, OT Uftrungen, 034653/305, www.gemeinde-suedharz.de/schauhoehle-heimkehle/

Wendefurt: **Talsperre Wendefurt**, Informationszentrum, Am Stausee, 06502 Thale OT Wendefurth, Frau Dorn, 03944/942236, dorn@talsperren-lsa.de; Führungen: 01.04.-31.10. (Mittwoch ab 14 Uhr, Samstag ab 11 Uhr)

Wettelrode: **Erlebniszentrum Bergbau Röhrigschacht** Wettelrode, OT Wettelrode - Lehde 17, 06526 Sangerhausen 03464/587816, info@roehrig-schacht.de, www.roehrigschacht.de

Wildemann: **19-Lachter-Stollen**, Im Sonnenglanz 18, 38709 Wildemann 05323/6628, besucherbergwerkt-onlinede, www.19-lachter-stollen.de

13

Kleiner Geheimtipp: *Sammle Wanderstempel & lasse dich zum „Harzer Steiger" küren!!!*

Die Harzer Wandernadel hat ein separates Stempelheft zum Bergbau herausgegeben – in jeder Tourismus-Information ist dies erhältlich – voll von spannendem Insiderwissen entführt es dich zu den Highlights des Harzer Bergbaus. Am Ende wartet ein tolles Abzeichen auf dich. (Für mehr Infos: www.harzer-wandernadel.de)

In alten Tagen (die Staumauer stand noch lange nicht), liebte Frau Holle einen Menschen-Recken, Odin genannt. Als er starb, verbrachte seine Seele alle Zeit mit Frau Holle, sodass diese ihre Arbeit arg vernachlässigte. Gott, der das ungleiche Bündnis nicht guthieß, verfluchte die Seele Odins dazu, ruhelos umherzuirren: von Berg zu Tal, hinauf gen Himmel und wieder zum Berge hinab. So fließt seine Seele in den Wassern der Oder und des Oderteiches bis heute.

Bis zum heutigen Tage steigt auch Frau Holle in jedem Jahr aus dem Oderbruch hinauf auf die Berge und weint und schluchzt, dass sich Gott erbarmt. Ihre Tränen fließen dann gemeinsam mit ihrem Geliebten zu Tal und sammeln sich in den Mooren um den Oderteich herum.

Und noch heute sieht man Frau Holle als weiße Frau Odin beweinen. Fängt ein Mensch ihre Tränen auf, so verwandeln sie sich in Perlen. Großherzige werden reich beschenkt, allen Gierigen aber spielt sie übel mit.

neu aufgeschrieben von Carsten Kiehne

Links (von oben): 19-Lachterstollen in Wildemann; Erlebniszentrum Röhrigschacht in Wettelrode; Weltkulturerbe Rammelsberg bei Goslar

Rechts: Am historischen Oderteich bei St. Andreasberg, der ältesten & bis 1900 größten Talsperre Deutschlands

15

Links (oben & Mitte): Teil des „Oberharzer Wasserregals" bei St. Andreasberg; (unten): Harzköhlerei Stemberghaus
Rechts (von oben): Blick vom Rotestein auf das gestaute Wasser der Rappbodetalsperre (höchste Staumauer des Landes); Höhle Heimkehle; Barbarossahöhle; größte Holzkirche (zum hl. Geist) Deutschlands in Clausthal-Zellerfeld

Ein Interview mit Horst Hönig

„Das werd' ich mein Lebtag wohl nicht vergessen"

Glück auf, Herr Hönig", begann ich das Gespräch und dankte dem ehemaligen Bergmann dafür, dass er sich die Zeit nimmt, uns ein Interview zu geben. „Unsere Leser sollen neben den Sagen, die wir in unserer Zeitung verschriftlichen, einen Eindruck vom Leben & Wirken unter Tage bekommen! Oh, wow, sind sie das?"

Eben entdeckte ich an der Wand in der guten Stube ein Foto, welches unseren Gastgeber neben dem Bergmanns-brunnen auf dem Marktplatz zu Harz-gerode abbildet. Das Antlitz der bron-zenen Figur ähnelt frappant der Herrn Hönigs. Ein staunender, fragender Blick zum Gastgeber: „Ja, das bin ich!", sagt er mit stolzem Lächeln und fügt hinzu: „Aber bitte, lasst uns einander duzen, ich bin der Horscht!" Wir lachen, wäh-rend die gute Seele des Hauses, Ursel, >Horschts bessere Hälfte<, den leckeren Weihnachtsstollen herein-bringt, den wir mitbrachten. Während sie den Kaffee serviert, schaue ich mich in der Straßberger Stube um.

Die Wände sind bestückt mit spannenden Fotos, die Vitrine präsentiert kostbare, wunderschöne Mineralien & im Regal steht Geleucht aus unterschiedlichsten Jahrzehnten, wie es scheint. „Was ist das Herr Hönig, entschuldige, Horst?", frage ich neugierig. „Das ist eine Zündmaschine fürs Schießen unter Tage. Die Ratten-schwänze, also die Zündschnüre habe ich auch noch, nur der Sprengstoff ist gerade letzte Woche bei der Wildschweinjagd ausgegangen!", wir lachen. Es scheint ein lustiger Nachmittag zu werden:

„Bis 1993 arbeitete ich als Schießhauer unter Tage, machte meine Prüfungen Ende der 60er Jahre und war als Hauer vor Ort verantwortlich.

Einmal, das werd` ich meinen Lebtag nicht vergessen, war ich mit einem zweiten Mann, einem Lehrhauer, in der Nachtschicht auf der 100-Meter-Sohle. Wir arbeiteten im Dreischichtsystem, belieferten wir doch die halbe Welt mit Fluorid aus Straßberg. Gegen 1 Uhr kam immer der Steiger, um unsere Arbeit zu begut-achten, dann brachen wir unser Tun für einige Minuten ab, aßen einen Happen & besprachen uns. Kaum aber saßen wir an diesem Tage, gab es einen Riesenknall & der Abbau wurde rabenschwarz, …

… meine Knie schlotterten, das kannst du dir nicht vorstellen. Nachdem es aber eine halbe Stunde ruhig blieb, gingen wir nachsehen – 30 Minuten sollte man immer abwarten – da war ein Riesenklotz runterge-kommen (8m breit, 2-3,50m stark, 15m lang), ein paar Hundert Tonnen Flussspat in einem Stück – und hatte unsere vorherige Arbeitsstelle zermahlen. Wäre der Steiger diesmal nur wenige Minuten später gekommen, hätten wir nicht überlebt!

Danach durfte die Nachtschicht nur noch selten besetzt werden, denn nachts knisterte es im Berg am meisten – das kommt sicher wegen der Mondschwerkraft. Wenn die Zeit aber wegen der vorgesetzten Planerfüllung drängte, nahm man es nicht so ganz genau.

Carsten Kiehne   carsten.kiehne@gmx.net - 0160/99557252   www.sagenhafter-harz.com

Jeder Bergbau hat seine Eigenheiten, auch der Unsere. Vor mehr als 1000 Jahren hat man hier zwei Erzgänge gefunden, den Straßberger-Neugängerzug (der sich über 15km Länge bis nach Güntersberge zieht) & der Bibenter-Gangzug (der sich nach 8km Länge über Tage auszieht oder ausbeißt, wie man sagt). Eine Vielzahl von Schächtchen & Pingen könnten aber noch weit früher angelegt worden sein.

Zu meiner Zeit waren 200 Bergmänner auf dem Hauptschacht (der 8 Sohlen hatte & 380 Meter Teufe aufwies) & 50 Leute in Glasebach (die immerhin auch 5 Sohlen zu bieten hatte) damit beschäftigt Fluorid abzubauen, jenes Gestein, das in Masse als Flussmittel bei der Stahlschmelze eingesetzt wurde. Gibt man zur Schmelze unseren Fluorid hinzu, schmilzt das Erz 200-300 Grad früher. Man brauchte darum viel weniger Stein- oder Holzkohle, eine riesige Ersparnis. Den Flussspat setzte man darüber hinaus aber auch für die Farb- & Porzellanherstellung, für Optik-Linsen & andere Heilanwendungen ein.

Straßberg ist bzw. war die größte Flussspat-Lagerstätte Deutschlands. Ganze Wälder wurden abgeholzt, um das Hangende abzustützen, doch bald waren die oberen Sohlen nahezu ausgeerzt, womit wir immer tiefer mussten. Umso tiefer, desto mächtiger werden die Fluorid-Lager, desto gefährlicher wurde es aber auch für uns Bergmänner, war der Flussspat doch durch das tägliche Sprengen brüchig geworden.

Am 06 Dezember 1966 bin ich wieder nachts eingefahren und wir alle haben schon gemerkt, dass der Abbau ganz wackelig war. Die Kumpel, die mir zugeteilt waren, sagten kurz nach Schichtbeginn:

„Hier bleiben wir keine Minute länger!", so hat's geknistert im Gebirge. Ich aber hab ja sprengen müssen - für die Planerfüllung eben - und es rumpelte ordentlich. Nach einer Weile ging ich dann zum Abbau und brach das lockere Gestein mit einer Brechstange von der Decke, klopfte die auch immer fleißig ab, um gefährlichen Hohlräumen auf die Spur zu kommen. Wie ich mich eben bückte, knackte es über mir und ein etwa 2 Tonnen schwerer Brocken ging auf mich nieder, brach zum Glück auf meinem Rücken entzwei, sonst hätte er mich komplett zermatscht. Noch war ich bei Bewusstsein, mein Körper aber eingeklemmt und keiner da, der mir half. Alle anderen waren ja ausgefahren. >Horst, hier musst du selber raus!<, sagte ich mir, räumte mich frei, wie es ging, versuchte meinen Körper ins Freie zu ziehen, mein Bein klemmte noch, doch bald hatte ich auch das draußen und kroch in Sicherheit. Hier begann ich nun mit Schaukelbewegungen, um mein sonderbar, rechtwinklig abstehenden Unterschenkel wieder ins Kniegelenk einzurenken, doch das wollte nicht gelingen ... und dann wurde alles schwarz um mich herum ...!

Erst zum Schichtende fiel meinen Kameraden auf, dass ich nicht ausfuhr, also noch unten sein musste. Sofort informierte man die Grubenwehr, die mich auch Gott sei Dank fand und nach Stolberg ins Krankenhaus brachte - hier flickte man mich notdürftig zusammen, was leidlich schwerfiel, hatte es doch unter anderem meinen Unterschenkel komplett zerschmettert. Deswegen wollte sich das Ding also nicht wieder einrenken lassen und wieder wurde mir bewusst, dass ich ein weiteres Mal dem Tod von der Schippe gesprungen war!

17

„Sei dankbar, dass du noch am Leben bist!"

sagte mir mein Arzt & fügte hinzu, „97% aller Patienten, mit einer Embolie, wie du sie hattest, gehen Hopps!"

Mich würde interessieren, muss man als Bergmann eigentlich gläubig sein?

„Gläubig bin ich nicht, habe auch nie ein Gebet vor der Schicht gesprochen! Doch scheint da immer jemand über mich zu wachen, wie einmal, auch das werd' ich meinen Lebtag nicht vergessen, als ich mit meinem Kumpel auf der 100 Meter-Sohle brüchiges Gestein lösen & mich nach oben schießen wollte. Dummerweise fehlten uns die elektrischen Zünder, hatten auch keine Zündmaschine dabei, nur unsere Rattenschwänze. Mit dem Messer schnitt ich die Zündfolge für 6 Schuss hinein, die wollten wir abwechselnd zünden. Alles ging planmäßig, die Rattenschwänze wurden angezündet, nur mein Kumpel fummelte am letzten herum & brachte diesen nicht zum Glimmen. Die Sekunden verstrichen, er stand immer noch direkt unterm Sprenggebiet, oben brannten die Zündschnüre. Da schrei ich ihn nur noch an „Hau ab!" & konnte mit ihm in letzter Sekunde in Deckung springen, da knallt es schon & wir bekommen die Druckwelle zu spüren. - Ein andern mal, wir hatten gerade einen 100 Meter tiefen Schacht aufgefahren, da kommt mein Kumpel ins Schwanken & wäre beinahe hinunter gestürzt. Nur eben so hat er sich noch festhalten können. Wieder nur knapp dem Tod entronnen!

Andere Bergleute hatten nicht so viel Glück, wie im Jahr 1956, als in Glasebach sechs Bergleute ums Leben kamen. Dort waren die unteren Sohlen geflutet, aber man wollte doch an die Lagerstätten. So grub man sich vom Hauptschacht, von der 100Meter-Sohle unter der Selke durch, sollte immer schön fünf Meter vorbohren, gut aufpassen, dass man nicht drüben ans Wasser stieß, sonst wären beide Schächte abgesoffen. Die nächste Sprengung aber ließ halb Straßberg erbeben!

Ich glaube, über all die Jahre hat mir am meisten mein Humor geholfen &, dass ich staunen kann, wie ein Kind! Einmal zum Beispiel, bekam ich im Hauptschacht einen Auftrag - war nicht ungefährlich - von dem meine Vorgesetzten wussten: Wenn einer das hinbekommt, dann der Horst! Ich machte mich also allein auf unter Tage & entdeckte in dem längst gesperrten Bereich einen uralten Abbau, an den Wänden super Ablagerungen von Kupferkies, silberhaltiger Bleiglanz, mein Blauer Salon ... wie das funkelte & glitzerte im Licht meiner Karbidlampe, unvergesslich, ein besonderer Glücksmoment! Leider steht dieser Teil heute unter Wasser. - 1994 war dann Schluss bei uns, obschon in 600 Meter Teufe eine Fluoridlagerstätte mit 1.000.000 Tonnen Mächtigkeit entdeckt wurde, aber wer soll da unten arbeiten? Schon auf 380 Metern arbeiteten wir, wie die Hochseefischer in Vollgummimontur, wegen des vielen Wassers. Dort unten hätten wir ganz sicher Taucheranzüge gebraucht! „Ich verabschiede mich mit einem Trinkspruch der Bergleute, mit dem ich mich aber den im Berg gebliebenen Kumpeln in Dankbarkeit erinnern möchte: *Rumpeldipumpel, weg ist der Kumpel, Schaufel drauf – Glück auf!"* ☺

Modell der Wasserkunst, gebaut von Horst Hönig

18

Eine Hommage ans Leben

„(Horst)..., das musst de ma' noch erzähl'n ...", so seine liebende Ehefrau Ursel, die einige seiner Geschichten „schon hunderte Male gehört" hat. Sie sitzt ihm gegenüber, strahlt ihn an. Die Kaffeetasse ist randvoll gefüllt und uns Gästen wurde der Kaffee im edlen Service eingeschenkt ... und Horst erzählte ... eine Geschichte mehr über das Leben „unter Tage" und auch über das Überleben. Es gab einige Einbrüche in den Gruben, Zusammenstürze, missglückte Detonationen ... und Horst ist immer wieder „mit dem Leben davongekommen".

GLÜCKSMOMENTE wie Hönigs sie benennen, und es schwingt eine große, subtile Portion Dankbarkeit, Demut und Freude mit, einander zu haben. Ich höre und sehe mit meinem inneren Auge und staune ganz still.

Geschichten, wie aus einem anderen Leben – einer Welt in den Tiefen von Mutter Erde, einer Welt in Dunkelheit. In diesen dunklen Tiefen schlummern Schätze - wertvoll, glitzernd, heilend. Horst erzählt vom „Blauen Salon" - ich denke an alte Märchen, in denen der Berggeist, Prinzen und einfache Menschen in sein schillerndes Reich lässt, sie prüft und letztlich mittels Zauber beschenkt ... Jene, mit reinen Herzens mit Schätzen, die anderen mit Lehren! 😊 ...

Auch Horst wurde beschenkt – mit Aufforderungen, dem Leben immer und immer wieder „Ja!" zu sagen, ... mit wundervollen Mineralien und Gesteinen (die ihre ganz eigenen Energien, Qualitäten und ihr Strahlen haben): Fluoride, Bleiglanz, Selenit und einiges mehr. Wie Horst mit leuchtenden Augen von seinem Lieblingsgestein, dem Bleiglanz, sprach, spürte ich, wie die Neugier in mir aufstieg, mich wieder mehr mit der Wirkung von Heilsteinen und ihrem Wesen zu beschäftigen.

Ich weiß nicht, ob Horst an Märchen dachte oder glaubte, und ich traue mich auch nicht zu fragen, sondern lausche einfach weiter. Für ihn, und auch für seine Frau, war es alltägliches Sein, harte Arbeit: „...es war eben so" – und weiß Gott eher selten romantisch oder zauberhaft! In den Tiefen, in der Dunkelheit wissen wir manches Mal nicht, was uns erwartet. Manches Mal ist's ein Zusammenbruch, Einsturz, Absturz – so hat auch Horst einige in den Gruben erlebt und ist „mit dem Leben davon gekommen...", dies stimmt mich sehr nachdenklich, macht mir (als alte Seele) eines mehr bewusst bzw. erinnert mich:

Gerade in den Zeiten des Chaos' in der Welt da draußen - auch wenn es hart oder finster zu sein scheint: Widerstand ist zwecklos. Es macht keinen Sinn, ist keine Option, auszusteigen, aufzugeben. Es geht immer weiter, nur eben anders! 😊

19

Wir sind hier, hier in diesem Leben, um das Beste daraus zu machen. Immer und immer wieder! Der Sinn des Lebens ist L E B E N! So schrieb es Goethe: „Der Zweck des Lebens ist das Leben selbst". Lasst uns auf der „Sinnsuche" doch den „Dingen" den Sinn desselbigen Seins zurückgeben:

Der Sinn des Liebens ist L I E B E N!
Der Sinn der Angst ist A N G S T!
Der Sinn des Ärgers ist Ä R G E R!
Und der Sinn der Freude ist F R E U D E!

....und all dies zu FÜHLEN – ein WAHR-NEHMungs-SINN 😊 Wir entscheiden uns jedes Mal auf's Neue für den SINN bzw. die Sinne unseres Seins. Ganz sicher können wir noch mehr in den „Einzelheiten" entdecken oder hinein-interpretieren. Und ganz sicher kann es auch einfach „einfach sein": LEBEN!

(aufgeschrieben von Manuela Petri, Glückstrainerin & Coach)

Manuela Petri   glueckswege@web.de   0152/34015375

Die Oberharzer Wasserwirtschaft
gibt dem Harz ein neues Gesicht

Sagenhaft, wie es entstand ...

Was nutzt es, wenn man sich auf einem der bedeutendsten Metallreviere unseres schönen Landes den Arsch plattsitzt, wenn man nicht in die Teufe kommt, ohne nasse Füße zu bekommen!", überlegte ein junger Steiger, dem gerade wieder neue Kunde aus seinem Revier erreichte, dass die nächste Grube abgesoffen ist. „Ach, wenn uns nur die Füße nasswerden würden ..., nein, viel schlimmer: Die Mooskappen schwimmen uns in den Gängen davon. All das Berggeschrei umsonst! ... Sohnemann, sag, was machst du da?"

Neugierig beugte sich der Vater über die Matschepampe, die sein Sohn hinterm Haus sorgfältig und gewissenhaft zu Bauwerken auftürmte. „Lieb Vater", sagte der Kleine voller Freude, dass der Herr Papa, Interesse an seinem Tun bekundete, „hier hab' ich gestern mit meinem Kumpel einen Damm gebaut, siehst du. Damit fließt das Regenwasser nicht fort. Aber die Menschen im Ort da hinten, haben ja auch Durst, da leite ich das Wasser durch meinen Matschekanal hin", erklärte der Sohn begeistert. „Und die Räder hier?", fragte der Vater weiter. „Das sind Räder, die in der Mühle das Korn mahlen ..., aber sieh mal hier: Wenn sich hier das Wasserrad dreht, dann wird über das Bändchen ein Eierbecher mit Wasser von der unteren Pfütze in den oberen Kanal zurückgetragen und dort hinein gekippt – ganz einfach!"

Der Vater brauchte ein wenig, um die ganzen Abläufe zu durchblicken und grinste plötzlich wie ein Honigkuchenpferd. „Und sag Sohnemann, was machst du hier mit dem gefluteten Stollen, ... ähm deiner vollgelaufenen Höhle unter der Sandburg?" – „Da habe ich einen Gang unten hineingebuddelt ..., und wenn ich hier das Brettchen hochziehe, fließt das Wasser langsam und gleichmäßig ab,

es fließt nicht einfach weg. Siehst du? Über den Kanal geht's zu diesem Rad und wird hier neu gestaut!" - „Das ist ja eine richtige Wasserkunst, mein Kleiner!", lachte der Vater, zog den Sohn zu sich, wirbelte ihn herum und herzte ihn. Alle Sorgen waren mit einem Mal von seinen Schultern, worauf der Steiger fragte: „Sohnemann, hast du Lust mit mir zum Bergamt zu reiten? Ich will denen von deiner Wasserkunst erzählen, besser noch, du erzählst's selbst!" „Nach Clausthal, Vater, im Ernst? Natürlich möchte ich mit!"

An diesem Tag war die Idee des Oberharzer Wasserregals geboren worden, eine Anlage der Umleitung, Speicherung & Nutzung von Wasser, die als das weltweit bedeutendste vorindustrielle Wasserwirtschaftssystem des Bergbaus gilt. Auf rund 200 Quadratkilometern (im niedersächs. Teil des Harzes, vornehmlich bei Clausthal-Zellerfeld, Sankt Andreasberg, Hahnenklee, Buntenbock, Wildemann, Lauthental, Schulenberg & Torfhaus) wurde Wasserkraft nun systematisch genutzt, um z.B. abgesoffene Gruben leerzupumpen. Ein Ergebnis davon war, dass man Seigerstollen mit viel größeren Schachtteufen graben konnte. In ihrer Blütezeit gehörten die Oberharzer Bergwerke damit zu den tiefsten der Welt. Viele erreichten sogar ein Niveau unterhalb des Meeresspiegels, womit sich freilich die Ausbeute vervielfachte.

Die gesamte zur Erzeugung von Wasserkraft entstandene Anlage – in der hauptsächlich vom 16.- 19. Jahrhundert 143 Stauteiche, über 500 Kilometer Gräben & 30 Kilometer unterirdische Wasserläufe angelegt wurden – steht seit 1978 als Kulturdenkmal unter Denkmalschutz & gehört seit 2010 zum UNESCO-Weltkulturerbe. Der Zweck des Oberharzer Wasserregals dient heute aber weniger dem Bergbau, sondern vornehmlich dem Erhalt einer historischen Kulturlandschaft, dem Tourismus (z.B. Badebetrieb), dem Hochwasserschutz & der Trinkwassergewinnung *(aufgeschrieben von Carsten Kiehne in "SAGENHAFTER WESTHARZ")*

Carsten Kiehne   carsten.kiehne@gmx.net - 0160/99557252   www.sagenhafter-harz.com

Suchworträtsel Bergbau

In diesem Rätsel verstecken sich 20 Begriffe, rund um das Thema Sagenhafter Bergbau.
Finde sie & schicke uns deine Lösung – viel Spaß & ein Frohes Fest!

R	E	U	A	H	E	C	H	T	G	S
R	L	O	R	E	S	C	N	R	D	O
I	B	O	A	M	S	I	E	H	G	L
T	E	E	B	O	E	W	D	C	A	E
T	E	L	R	N	Z	R	E	U	J	W
E	T	F	A	G	B	M	I	R	E	H
R	E	L	B	E	M	O	L	B	D	D
R	M	E	I	N	H	O	R	N	L	R
A	R	A	T	T	E	S	E	O	I	A
M	W	E	A	S	M	K	G	N	W	H
M	E	A	G	P	M	A	I	A	C	T
B	K	A	L	I	A	P	E	K	N	H
				E	D	P	T	E	I	G
				G	N	E	S	L	K	U
				E	I	B	N	L	O	T
				L	G	L	U	E	C	K
				T	L	A	K	C	V	A
				B	A	R	T	E	H	U
				D	I	R	O	U	L	F

Ein Interview mit dem ehemaligen Leiter der Bergschule Clausthal-Zellerfelds Wolfgang Schütze

„Wieviel Zeit haben Sie denn?"

Glückauf, Herr Schütze" – „Glückauf" – „30 Jahre lang haben Sie die Bergschule Clausthal-Zellerfelds geleitet & wurden uns von einigen unserer Fans als Koryphäe empfohlen, die man unbedingt interviewen müsste! Was begeistert sie an dem Thema Bergbau &, was macht gerade die Geschichte des Oberharzer Bergbaus so interessant?" – „Oh, wieviel Zeit haben sie denn?", scherzte der jüngst mit dem Ehrenamtspreis seiner Bergstadt Ausgezeichnete. Er wäre „der richtige Mann zur richtigen Zeit am richtigen Ort" gewesen, um die Berg- & Hüttenschule nach vorn zu bringen. – „Dann nehmen sie sich jetzt mal >richtig Zeit<, Herr Kiehne, um von einigen spannenden Oberharzer Erfindungen zu hören: …"

Warum es Schell- & nicht Nobel-preis heißen sollte

(Eine Räubergeschichte der anderen Art)

Noch heute verbindet die Welt das Dynamit mit dem Schweden Alfred Nobel, erfunden hat's aber ein Deutscher, noch genauer ein Harzer. Warum Nobel als Erfinder gilt?

Bereits im Jahre 1632 setzte man im größten Bergbaugebiet Europas – dem Harz – Sprengverfahren ein. Das „Schießen" mit Schwarzpulver revolutionierte den Abbau, der zuvor zumeist in Handarbeit ausgeführt werden musste, war aber erheblich teurer und extrem gefährlich. Schon allein beim Verdichten des Schwarzpulvers im Bohrloch mit dem hölzernen Schließblock, den man manuell aufhämmerte, kam es oft genug zu unkontrollierten Zündungen, Verletzten und Toten. Erst die Erfindung des „Lettenbesatzes" – ein Lehm-Ton-Gemisch – mit dem der Harzer Bergmann Karl Zumbe ab 1647 die mit Schwarzpulver befüllte Lederhülse im Bohrloch schloss, galt als sichereres Verfahren.

Exakt zweihundert Jahre später erfand der italienische Chemiker Ascanio Sobrero Nitroglycerin. Dieses Salpetersäuregemisch war sehr viel günstiger als Schießpulver aber stark stoß- & erschütterungsempfindlich, womit das „Sprengöl" schnell zur Explosion neigte. Nach verheerenden Unfällen unter Tage kam Bergrat Friedrich Schell auf die Idee, das gefährliche „Sprengöl" zu binden. Er nahm Pochsand (stark zerkleinerte Erze), füllte die Wachs getränkten Papierhülsen & tränkte die Dose mit Nitroglycerin. Damit war er der Erfinder der Sprengpatrone. Dies als Patent anzumelden, war ihm nicht von Bedeutung.Er wollte nur eine sichere Möglichkeit finden, unter Tage zu wirken & Leben zu retten.

Zur gleichen Zeit experimentierte der aus reichem Hause stammende schwedische Physiker und Chemiker Alfred Nobel mit Nitroglycerin. Seine Versuche aber scheiterten auf die furchtbarste Art und Weise: Oft gab es Tote, wobei er auch seinen Bruder Emil zu beklagen hatte. Um eine Lösung zu finden, bereiste er in den 1860er Jahren den Harz, traf auf den Bergrat Schell, der ihm begeistert seine Sprengpatrone vorstellte. Nobel wäre sehr angetan gewesen, heißt es, reiste auf dem schnellsten Wege zurück in sein Labor, tauschte den Pochsand gegen Kieselgur, das das Sprengöl noch besser aufsaugte & meldete seine Erfindung „Dynamit" als Patent an. Mit diesem Ideenklau wurde Nobel nicht nur weltbekannt, sondern auch unsagbar reich.

Dieses Vermögen aber stiftete er am Ende seines Lebens zum größten Teil der eigenen Stiftung, dem Nobel-Preis, um Menschen, deren Erfindungen (in den Bereichen Physik, Chemie, Physiologie, Medizin, Literatur) im verflossenen Jahr der Menschheit den größten Nutzen brachten, zu belohnen. Oft wird dem Herrn Nobel nachgesagt, er hätte seinen Nobelpreis nur wegen seines schlechten Gewissens gestiftet, weil seine Erfindungen für den Krieg genutzt wurden und er selbst Rüstungsunternehmer war. Ich meine, es wird ihn schon zu Lebzeiten gequält haben, mit etwas berühmt zu werden, was nicht sein Gedankengut war, während der wahre Erfinder des Dynamits – der Harzer Bergrat Friedrich Schell – beinahe in Vergessenheit geriet. *(aufgeschrieben von Kiehne nach Wolfgang Schütze)*

Mit etwas Witz nach oben

Das Schießen im Bergwerk, also die Sprengarbeiten unter Tage, führte dazu, dass man bald erhebliche Teufen von bis zu 600 Metern erreichte, man lag also bereits unterhalb des Meeresspiegels! Für die Bergleute wurde es also immer belastender, ein- und auszufahren, brauchte man doch über die Fahrten (Leitern) mitunter 1 Stunde um runter und 2 Stunden um wieder hinauf zu kommen. Vor allem nach der erschöpfenden Schicht würde das heutzutage ein unzumutbares Unterfangen bedeuten. Dazu kam, dass die Schicht erst dann begann, wenn der Bergmann am Einsatzort das Erz losschlug. Wen wundert's da, wenn manch Einer Bittstellungen aufgab, unter Tage übernachten zu dürfen, was die Obrigkeit jedoch selten gewährte. Auch die Seilfahrt zu benutzen, war damals keine Alternative: Weder gab es zuverlässige Seile – die Ketten waren schon mit den Förderkörben mehr als ausgelastet – noch hätten überhaupt die Kapazitäten der Fördereinrichtungen genügt, das geförderte Material und dann obenauf noch das Personal zu transportieren. Nur Verletzte oder Tote brachte man in der Förder- bzw. Versehrtentonne zu Tage.

Eines Tages wollte der Oberbergmeister Georg Ludwig Dörell in einer Clausthaler Grube nach dem Rechten sehen, die Sohlen begehen und beobachtete dabei einen gewitzten Kunstknecht. Der nutzte das sich permanent im Wechsel auf- und abbewegende Holzgestänge einer Kolbenpumpe, mit denen man das Bergwerk aussumpfte (entwässerte), in welche er Tritt- & Festhaltenägel geschlagen hatte, um durch geschicktes Umsteigen von einer Arbeitsebene auf die nächste zu kommen. In einem bemerkenswerten Tempo passierte der Kunstjunge so unglaubliche Teufen! Als Dörell den Tollkühnen darauf ansprach, entgegnete der dem Oberbergmeister grinsend: „Mit etwas Witz, weniger Schwitz!" – Diese viel sicherere Idee ein Bergwerk zu befahren, die Dörell 1833 um stabile Trittbretter und ordentliche Handgriffe erweiterte, gilt als Erfindung der Fahrkunst. Sie revolutionierte den internationalen Bergbau!
(aufgeschrieben von Kiehne nach Wolfgang Schlüter)

Was wir bräuchten …

Der Bergbau war viele Jahrhunderte lang für Tausende von Menschen der Haupterwerbszweig. Anfangs lohnte sich das Geschäft noch sehr, doch bald waren die oberflächennahen Erzgänge erschöpft und man musste die Schächte immer tiefer in den Fels hineintreiben, um weitere Erzvorkommen zu erschließen. Mit der Teufe aber kamen plötzlich unsagbare Probleme auf die Bergleute zu, die stets immense Ausgaben bereiteten. Einer der wichtigsten Kostenfaktoren um 1800 waren Seile. Hanfseile waren zwar günstig, aber auch rasch verschlissen. Kettenseile hielten im Grunde lange, waren aber auf eine Länge von 400m fünfmal so schwer, wie die erzgefüllte Lore, welche hinaufgezogen werden sollte. Immer wieder rissen Kettenglieder, was zu schlimmen Unfälle & Toten führte.

„Wir brauchen einen Strang, der die Vorteile des Gewichts eines Hanfseils mit dem der Verschleißfestigkeit eines Kettenseils verbindet!", überlegte der Rechtwissenschaftler Julius Albert, der in Clausthal den Bergbau kennengelernt hatte. Die Idee ließ ihn nicht mehr los, worauf er gemeinsam mit dem Bergschmied Mummenthey viele Monate lang Tag und Nacht arbeitete. „Vier Uhr des Morgens war Albert schon auf den Beinen und setzte sein Tagwerk bis in die späte Nacht fort. Bis zur Geisterstund' ging sein normaler Schaffenstag!", schätzte der Berg-schmied ein. Nach vielen Versuchen im Jahre 1834 gelang es beiden, das erste Drahtseil aus Eisen herzustellen. Sie verflochten drei Litzen zu je vier Drähten zu einem Seil, das sechsmal mehr Tragkraft hatte als ein Hanfseil, viermal mehr als ein Kettenseil, welches aber nur knapp 1/10 des letztgenannten wog. Heute werden die Albertschen Drahtseile weltweit in allen denkbaren Gebieten eingesetzt.

Da Albert aus bürgerlichem Hause stammte und deshalb trotz aller Verdienste kein Berghauptmann werden konnte, erschuf man eigens für ihn den Titel „Bergrat". Als Albert als Oberbergrat 1846 mit 59 Jahren hinschied, setzte man ihn in einem kleinen Mausoleum auf dem Alten Friedhof zu Clausthal bei - zum ruhmvollen Gedenken an einen großen Mann, der durch seine Erfindung und Schaffenskraft vielen Bergleuten das Leben rettete! *(aufgeschrieben von ebd.)*

23

Sagenhaftes Harz

Eine Sage der Lessinghöhle

Der treue Eckart

Durch das Harzvorland zog zur Zeit der Raunächte seit jeher der große Wotan mit seiner wütenden Wilden Jagd. Der treue Eckart aber ging stets voran und warnte die Leute, sie möchten in den Häusern bleiben, ihre Arbeit ruhen lassen oder doch zumindest still aus dem Weg gehen.

Als nun die Wilde Jagd gerade durch das Dorfe Suderode zog, da war es, dass zwei Knaben Bier für die Feier ihrer Väter aus der Neuen Schenke holen sollten. Sie trugen so schwer daran, dass sie nicht schnell genug aus dem Wege gehen konnten. So nahmen die aufbrausenden Jäger ihnen die Krüge ab und tranken sie in einem Schlucke leer. Und die Knaben wurden traurig darum, hatten sie doch kein Geld neues Bier zu kaufen. Und ihre Väter würden darum zornig werden und sie schelten.

Der treue Eckart aber hatte Mitleid mit ihnen und sagte: „Seid getrost ihr Beiden, es war gut, dass ihr das Bier frei heraus gegeben habt. Tragt die Krüge nur rasch nach Hause und erzählt die nächsten drei Tage keiner Menschenseele davon, was euch geschehen und was ihr gesehen!"

Und als die Knaben heimkamen, da waren die Krüge wieder schwer und voll. Voll von bestem Bier. Kein Suderöder hatte bisher so gutes Bier getrunken. Das Segenreichste aber war, dass die Krüge niemals leer wurden – wie aus Zauberhand füllten sie sich stets aufs Neue. Doch als die Alten die Kinder zu erzählen drängten, welcher Macht sie dieses Glücke zu verdanken hätten und endlich die Kinder auch nicht stille bleiben konnten, da blieben die Krüge leer!

Ja, schlimmer noch: Ganz gleich wieviel oder was man in die Krüge tat, sie verschluckten alles. Als man sie im Silberteich versenken wollte, da trocknete er aus und wurde wüst! Als man sie auf einem Acker vergrub, da gab der vormals gute Boden keine Früchte mehr – nichts wollte in der Erde noch gedeihen.

Erst die Alte vom Olberg, konnte den Zauber brechen und den Hunger der Geister stillen! Nun liegen die Krüge am Grunde des tiefen Senkschachtes in der Lessinghöhle. Doch reiches Erz, gibt es seit diesem Tage im Stollen nicht mehr! _(aufgeschrieben von Kiehne in „Sagen & Märchen von Bad Suderode"; Bild: Altes Postkartenmotiv)_

Projektwoche einmal anders: Arbeiten unter Tage

Eine Projektwoche der etwas anderen Art in der Grube „Neue Hoffnung"

Wir schreiben das Jahr 1830 unseres Herrn. 10 zwölfjährige Schüler (Sechstklässler) einer freien Schule beginnen ihre Ausbildung zum Haue im Bergbau. Ort der Ausbildung ist das alte Sudero-de, ein Stollen der Lessinghöhle. Für das Praktikum musste man sich ordentlich bewerben, Bewerbungsun-terlagen einschi-cken, sich aber auch bereits die gesamten drei Monate vor Be-ginn der „Ausbil-dung" beweisen! Wie das? 1. durch gute Mitarbeit in der Schule, 2. mindestens ein „Gut" im Lernver-halten, 3. – und das war bei eini-gen die größte Hürde – ein aus-gezeichnetes Sozialverhalten.

Streithammel, Clowns & Einzelgänger kann man unter Tage nämlich nicht gebrauchen. Hier muss man sich aufeinander verlassen. Nur zusammen ist man stark"

Dann endlich ist's soweit: Montag Morgen acht Uhr ist Schichtbeginn. Der Oberberghauptmann Mario Steder lässt das „Guten Morgen" nicht gelten und stellt sich taub. Wie war gleich der Bergmannsgruß?

Ach ja, „Glück auf!" und jetzt bekommen die Schüler freundliche Antwort „Glück auf!" – der Unterricht kann beginnen. Zuerst werden die Bergschüler eingekleidet, das Geleucht und Gezähe ausgegeben und der Ablauf der Projektwoche erläutert. Wie froh sind die Jungen und Mädchen, als sie erfahren, dass sie für ihre Arbeitsleistung in Schule und Berg ganz real entlohnt werden: 2 Pfennig pro Tag, das macht zehn Pfennig pro Woche und sollte ja wohl reichen, um die Sippe zuhause irgend-wie durchzube-kommen, oder? Nächster Tages-punkt, bevor die Bergschule be-ginnt: Andacht. Zwei Jungen streiten sich noch immer um die passende Klei-dung. 1 Pfennig Abzug für Beide – in der Andacht herrscht Stille. „Scheiße", sagt einer der Beiden und bekommt den zweiten Pfennig abgezogen. Fluchen ist in der Andacht auch nicht gestattet – wie auch unter Tage – Fluchen nämlich lockt den Teufel an und den kann man im Stollen nicht gebrauchen, da ist man auf Gottes Beistand bedacht! – Der gesamte Tageslohn ist gestrichen, 30 Minuten nach Schichtbeginn –das Leben als Bergmann ist kein Zuckerschlecken! Wer jetzt schon „Pipi in den Augen hat" & diese Strenge leidlich über-trieben findet, dem sei gesagt: Man kann sich durch besondere Arbeitsleistung, ausgezeichnetes Verhalten in Schule & unter Tage Extra-Pfennige verdienen! ☺

25

Carsten Kiehne   carsten.kiehne@gmx.net - 0160/99557252   www.sagenhafter-harz.com

Jetzt folgt die Bergschule (im Pavillon des Restaurants Felsenkeller): Regeln unter Tage, Vermessung, Abbau, Verhüttung, Verwaltung und Rechnungswesen.

Pausen gibt es auch! Zum Pausenende ertönt eine Glocke und zehn Schüler rennen zum Unterricht, ganz zum Erstaunen zweier Lehrerinnen der hiesigen Grundschule, die mit ihren Schülern am Wandertag gerade auch Rast am Felsenkeller machten. „Wo bekommt man so eine Zauberglocke her", fragen sie, „die es schafft, Schüler begeistert zum Unterricht zu klingeln?" – Den Zauber macht der Unterricht, der Spaß macht, der zugleich wichtig und spannend ist, den die Schüler noch am gleichen Tag in die Praxis umsetzen können. Denn nach der Theorie geht's in die Grube „Neue Hoffnung", besser bekann als „Lessinghöhle".

Hier gibt's auch einiges zu tun: Unter Mitwirkung des Reviersteigers Carsten Kiehne, soll ein Lehmofen gebaut werden, um abgehauenes Erz [1] am Donnerstag verhütten zu können – schließlich wollen wir

Barren gießen. Die Gänge mit ihren Fluorid- & Erzadern werden began-gen, begutachtet und vermessen und die Sage der Lessinghöhle staunend gehört. Die „Frösche" (Öllampen) zeigen, wo gegraben werden soll. Das abgepickte Geröll muss in der Schubkarre aus dem Berg heraus – aber wohin damit? Stimmt, die Naturtribüne für unser Walpurgisfest sollte doch erweitert werden - 2Fliegen mit einer Klappe – so soll's sein!

13 Uhr ertönt die Glocke – eine Stunde Mittagspause. Es gibt Suppe und Würstchen am Lagerfeuer. Aber es gibt noch kein Feuer und auch keinen Feuerplatz – also: Unkraut jäten, Steine stapeln, Brennholz sammeln, Feuer machen … essen. Nach 25 Minuten dann ein ernstzunehmender Zwischenfall: Die Kinder fragen, ob sie weiterarbeiten dürfen!? Klar dürfen sie, aber bitte gefälligst erst nach der Pause – Ruhezeiten sind heilig, da wird geruht, gebetet und dem Berggeist stille Zeit gelassen. Der muckt sonst auf, hat ja schon den linken Gang verschüttet! Das war vor

[1] „Abgehauen" wurde freilich nichts! Wir streuten zuvor Fluorid und Bleistückchen ein, die aufgelesen werden konnten! ☺

Carsten Kiehne   carsten.kiehne@gmx.net - 0160/99557252   www.sagenhafter-harz.com

Feedback der Schüler

200 Jahren die Strafe dafür, dass Bergleute sogar am Sonntag schufteten und ihm keine Ruhe gönnten, weiß zumindest eine Sage zu erzählen! 😊

Am zweiten Tag wird klar, dass wir bei weitem mehr schaffen, als geplant war und der Stempelausbau des Ganges beginnen muss! Das einzig Irreale an dem Ausflug ins 19. Jahrhundert ist die Situation, dass die jungen Bergleute fast mit der Peitsche dazu gezwungen werden müssen, ihre Pausenzeiten einzuhalten, das Schachten zu beenden und alle Arbeit niederzulegen. - Die letzte Nacht verbringen sie in einer Scheune, im Schlafsack auf der „elenden Streu" – bei Minus einem Grad. Für Luxus gewöhnte Weicheier ist das nichts (oder gerade deshalb schon ein Abenteuer für sich?)! Angst vor Dunkelheit und Spinnen? „Pah, kennen wir aus unserer Höhle genug!"

„Was, schon Freitag?" Heute ist Zahltag und was viel wichtiger ist: Unsere kleine eigene Bergparade findet nach der feierlichen Andacht in der Neuen Kirche statt. Anschließend marschieren wir unter musikalischer Begleitung zum Kurpark, um dort die „Hauerbriefe" verliehen zu bekommen.

Nun werden die Eltern von zehn kleinen, aber im Stolz erheblich gewachsenen Bergleuten, in die Geheimnisse und Ergebnisse der Lessinghöhle eingewiesen. Wer will, darf im Dezember in der großen Bergparade Bad Suderodes mitlaufen. Diese Ehre haben sich die Jungs und Mädchen redlich verdient!

„Besonders gut gefallen hat mir die Herausforderung, den Stollen wirklich wieder herzurichten. Wir sind zwar nicht fertig geworden, aber es ist ein guter Anfang. Toll war auch, dass wir uns den Fluorid mitnehmen durften!"

Ich fände es toll, wenn wir noch mehr Zeit für Dinge gehabt hätten, die nicht eingeplant waren, wie den Teich herzurichten. Mehr Essen wäre gut gewesen!"

„Mir hat die Wanderung, das Bauen des Lehmofens und das Barrengießen gefallen. Auch das Arbeiten im Berg war toll und der Fluorid. Beim nächsten Mal soll's nicht nur Suppe geben. Auch wäre toll, jeden Tag in beide Stollen einfahren zu dürfen!"

„Ich fand die Wanderung klasse und, dass wir gesehen haben, wo das Heilwasser herkommt!"

„Ich fand die Wanderung zum Preußenturm sehr schön und auch am Lagerfeuer war's sehr gemütlich. Ich würde mir wünschen, den restlichen Teil des verbotenen Ganges zu erforschen!"

„Ich fand die Woche hier in Bad Suderode sehr schön, denn das Teamwork in der Gruppe war irre. Das kann gerne in der Schule so bleiben!"

„Mir hat am besten das Schnitzen gefallen, die Nachtwanderung und das Schlafen im Stroh, eigentlich alles. Sag mal, Carsten, kann ich nächstes Jahr auch wieder dabei sein?" – „Leider nein, das Projekt ist nur für Sechstklässler!" – „Und, wenn ich absichtlich sitzen bleibe?" – Diese Idee konnten wir dem Schüler glücklicherweise ausreden 😊 – Glück auf!

Ein kleiner Nachtrag „Arbeit muss sich lohnen": Mit den verdienten Pfennigen, konnten die Bergknappen ihre Eltern bei der regulären Bergparade zum Essen einladen. Ein Schnitzel mit Getränk kostete für sie: Einen Pfennig! 😊

Träume in den Sagen

Des Bergmannes Traum

Ein Bergmann in Drei-Annen-Hohne träumte in der Nacht, dass er am folgenden Tage in seiner Grube einen üblen Schaden nehmen würde. Darum beschloss er, an diesem Tage nicht einzufahren, meldete dem Steiger, er wäre krank und blieb daheim. Da konnte er nun alle Fünfe gerade sein lassen und legte sich auf das kleine Sofa, das in seiner Stube stand. Beim Umdrehen aber, stieß er seinen Ellenbogen schmerzlich am Balken. Daran hing ein schweres Plätteisen an einem dünnen eisernen Nagel, das durch die Erschütterung herunterfiel, den Bergmann mitten auf den Kopf traf und ihn somit erschlug. Von dieser Zeit an fahren die Bergleute noch unverzagter als zuvor in den Schacht, denn sie sahen aus jener Begebenheit, dass man überall in Gottes Händen stände. Die Moral von der Geschicht? Stehst du vorm ewigen Gericht … Gott findet dich, gehst du zur Arbeit oder nicht. *(aufgeschrieben von Carsten Kiehne nach Pröhle in „Sagenhafter Brocken")*

Erzähl keinen Traum

Einst träumte eine Frau in Straßberg, dass ihr Mann, wenn er am nächsten Tage in die Grube Glasebach – die damals noch Seidenglanz hieß – einfahren würde, nicht wieder hinaus käme. Gleich am Morgen erzählte sie ihm von diesem bösen Albtraum, der sich doch so echt anfühlte. Sie bat und bettelte, er möge doch bitte zuhause bleiben, dass ihm nichts zustoße, er nicht erschlagen würde oder ersaufe, was er aber strikt als Weibergeschwätz abtat. „Ein Mann fürchtet sich nicht, weder vor Träumen, noch vorm Tode, nur den Höllenfürsten im Teufelsschacht dort hinten – Gott sei mir gnädig – den ford're ich nicht heraus!" - Die Stunden vergingen und, wie die Sonne hoch oben am Himmel stand, ward das Weib zuhause leichenblass geworden. Oh, sie machte sich Sorgen, bis zu jenem schicksalshaften Moment, da es einen furchtbaren Stich in der Brust gab, und es bald danach draußen an der Türe pochte. Der Schrecken war in ihrem Antlitz festgefroren, als sie draußen den Steiger stehen sah. Er hatte seinen Blink gesenkt, den Hut in der zitternden Hand, wie's immer war, wenn schlechte Kunde kam: „Gute Frau, Wasser ist in den Stollen eingedrungen, … sagte er so beschwichtigend er konnte, was die Frau schluchzend übertönte. „Wasser, so hoch, dass niemand aus der Sohle, in der ihr Gemahl sich verdingte, es ans Tageslicht schaffte …!" Der Steiger konnte die Frau eben noch auffangen. So schlimm war ihr Schmerz, dass ihr Körper bewusstlos zu Boden ging. - Wie sie nachts erwachte, konnte sie sich keinen Reim darauf machen, wer sie in die Bettstatt gebracht hatte, richtete sich auf und … schrie und klammerte sich an die Decke. Vor dem Bette stehend sah sie in die wasserunterlaufenen toten Augen ihres Mannes. Seine Kleidung hing klatschnass am ausgemergelten Körper herunter, seine Hände waren blutig gekratzt, das Gesicht ganz zerschunden. Gequält öffnete der Tote seinen Mund und sprach: „Erzähle keinen Traum, schäle keinen Baum. Begehe keinen Mord, wirf keinen Pfennig fort und schände nicht das Brot, dann hilft Gott in der Not. Hättest den Traum verschwiegen, wär' ich bei dir und am Leben geblieben!"

Da verstand die Frau, dass sie mit dem Erzählen eines Traumes, das Nichtwirkliche ins Reale rief. Ein Wort, einmal ausgesprochen, zwingt das Ereignis herbei! Von diesem Tage im Jahre 1701 an, mutete man die Grube Glasebach neu und zwar auf den Namen „Vertrau in Gott"! *(aufgeschrieben von Carsten Kiehne nach Diederichs in „Sagenhafter Ostharz – fast vergessene Geschichten")*

2

Träume in den Raunächten

Ein dickes, eisiges Winterkleid liegt über aller Fruchtbarkeit, es ist die heilige Zwischenzeit, der still obsiegenden Dunkelheit …

Die Zeit der Einkehr und Innenschau hat begonnen, kaum haben die Bergleute die Mettenschicht beendet. Vom 25. Dezember bis zum 06. Januar, fuhr keiner ein, der recht bei Sinnen war, denn diese Zeit gehörte den Berggeistern, dem Bergmönch & dem wollte man, weiß Gott, nicht erzürnen. Alle Arbeit ruhte, weiße Wäsche ward nicht mehr gewaschen, aus Sorge die „Wilde Jagd" oder der Tod könne sich darin verfangen & ins Haus einziehen.

Zur Sicherheit räucherte man Haus & Ställe mit Kräutern aus (der Begriff „Raunacht" könnte also neben der rauen, kalten Zeit auch vom „räuchern" abstammen), malte drei Kreuze ans Tor & musterte auch sonst, alle seltsamen Geschehnisse mit Argusaugen. Mit den zwölf Nächten, der heiligen Zeit zwischen den Jahren, waren freilich nicht nur die Nächte, sondern auch die kurzen, stockdunklen Tage gemeint. Besondere Gedanken schrieb man auf, Tag- & freilich auch die Nachtträume, um später damit weissagen/ orakeln zu können! Die zwölf Nächte bis zum Dreikönigsfest repräsentierten die zwölf Monate. Was in der ersten Nacht erlebt und geträumt wurde, gab Rückschlüsse auf den Januar, die zweite Nacht erzählte vom Februar usw.!

Seit der Antike spielten Träume & Traumdeutung eine wichtige Rolle. Diese Phantastereien verstand man (je nach Perspektive) als Gottes- oder Dämonenwerk. Bereits der altägyptische König Merikare sah, im Jahre 2170 v. Chr., im Traum einen Hinweis auf zukünftige Ereignisse, der gedeutet werden müsste, soll das Leben vorhersagbarer & damit handhabbarer sein.

Traumdeuter versuchen darum seit Tausenden von Jahren die Symbole zu entschlüsseln, das Traumrätsel zu lösen. „Was bedeutet es, wenn einem ein Schwan erscheint, oder ein Tor oder man einfach nicht ans Ziel kommt?" – Heute meinen die meisten Experten, dass es keine allgemeingültige Deutung von Träumen gibt. Immer steht der Traum in direkter Beziehung zum Träumenden. Nur er kann sagen, was ihm der Inhalt bedeutet, welche Gefühle in ihm angeregt werden, vielleicht auch, welche verdrängten Wünsche ins Bewusstsein aufsteigen (nach dem Tiefenpsychologen Sigmund Freud).

Während viele Menschen glauben, dass die meisten Träume auf Erlebnisse der vergangenen ein bis zwei Tage zurückzuführen sind, glaubt der andere Teil, dass man die nächtlich erlebten Bilder als Sprachrohr unserer allverbundenen Seele bewerten kann. Ganz gleich, ob wir sie nun als profanen Alltagsverarbeitungsmechanismus oder Eingebung einer höheren Macht verstehen, immer wecken sie in uns Gefühle. Mit diesem Zugang zu unserer Innenwelt können wir unser Unterbewusstsein entschlüsseln (siehe Carl Gustav Jung) …

Carsten Kiehne   carsten.kiehne@gmx.net - 0160/99557252   www.sagenhafter-harz.com

& uns selbst besser kennenlernen und nicht nur das: „Zu träumen & bewusst mit dem Trauminhalt zu arbeiten, ist quasi eine kleine Psychotherapie!", meinen viele Psychologen, vor allem, wenn wir uns einen wiederkehrenden Albtraum anschauen.

Ein Albtraum wäre uns von einem Alb (einer Elfe bzw. einem Zwerg) als Strafe für unser falsches Verhalten oder unsere Unachtsamkeit eingegeben worden, heißt es in den Sagen. Tatsächlich fühlen sich viele Menschen von Albträumen geplagt, haben sogar manchmal Angst davor, wieder zu Bett zu gehen & die Augen zu schließen, aus Furcht der Traum käme wieder. Dann sehen sie sich verfolgt, in einer aussichtslosen Situation, allein in einem dunklen Wald oder Gemäuer, fühlen, wie sie ins Unendliche fallen …!

Ich möchte hingegen glauben, dass ich mit einem Albtraum „beschenkt" werde, wenn ich an einem wichtigen Wendepunkt bzw. einer Kreuzung in meinem Leben stehe. Meine Seele zeigt mir deutlich, welche Themen ich mir anschauen, welche Gefühle ich ausheilen „darf"! Während die meisten Menschen nach einem bösen Traum versuchen, diesen schnellstmöglich wieder zu vergessen/ zu verdrängen, fragt der sich nach Selbsterkenntnis Strebende (vor allem, wenn es sich um wiederkehrende, belastende Träume handelt): „Was hat der Traum mit meinem Alltag zu tun? Welche Gefühle löst der Traum in mir aus? Woher kenne ich diese Gefühle aus meinem Leben? Wo spüre ich diese Themen in meinem Körper? Was geschieht, wenn ich mir die Zeit nehme, eben dort genauer hinzuspüren?

Hier kurz die Anmerkung, dass auch Krankheiten Sprachrohr unserer Seele sind, so Rüdiger Dahlke. - Es gibt unzählige Wege, wie ich mit Träumen (die mir die Alben anfluchen) umgehen kann:

- Der einfachste ist, mir den Gefühlen bewusst zu werden, die das Traumgebilde mit sich bringt & diese bewusst auszuleben, d.h. traurig zu sein, wütend gegen einen Boxsack zu hauen …!

- Ich kann meinen inneren Traumbildern folgen …, wohin führen sie mich, wecken sie vielleicht verdrängte Erinnerungen?

- Ist mir die Technik des Familienstellens bekannt, kann ich mich in jedes Traumbild, jede Figur, jedes Symbol hineinstellen & im eigenen Körper nachspüren, …

welche Energie, welche Gefühle, welche Gedanken in mir aufsteigen.

- Vielleicht möchte ich einem Psychologen meinen Traum erzählen? Im besten Fall versteht sich dieser darin, diesen Traum selbst empathisch zu erfühlen, in einer Heldengeschichte zu verpacken & sie mir als mein eigenes Märchen zu erzählen. Lausche ich der Heilsgeschichte mit dem Herzen, liegt die Lösung oft auf der Hand!

Bildausschnitt: The Nightmare (ca. 1790), Gemälde von Johann Heinrich Füssli

- Durch Hypnose oder das Erlernen einer Entspannungstechnik kann ich lernen, mir im Schlaf bewusst zu werden, wenn ich träume. Wenn ich quasi im Traum erwache & ihn dadurch beeinflussen kann, nennt sich das Klartraum oder „luzides Träumen"!

- In der Vorstellungs-Wiederholungs-Therapie (Imagery-Rehearsal-Therapy (IRT)) lerne ich, die Rolle des Regisseurs zu übernehmen, angstauslösende Elemente herauszukristallisieren, sie durch emotionslosere Alternativen zu ersetzen und meinem Albtraum ein neues, passenderes Ende zu geben: In einem einsamen Wald könnte mir zum Beispiel ein Helfer entgegenkommen, das dunkle Parkhaus ist plötzlich hell erleuchtet & der einschüchternde Verfolger stellt sich als mein netter Nachbar heraus! Stelle ich mir dieses neue Bild 21 Tage lang für einige Minuten vor, verfestigt sich in mir eine traumhafte Handlungsalternative. Wichtig finde ich nur das Wissen, dass ich mit diesem Weg wahrscheinlich mein Thema nicht bearbeite & ausheile, sondern schlichtweg überdecke, um mich zumindest erst wieder gesund auszuschlafen!

Während manch Einer sich von Albträumen geplagt sieht, glauben viele Menschen hingegen, dass sie nur sehr selten oder gar nicht träumen. Das widerlegt die Wissenschaft deutlich: Jeder Mensch träumt mehrmals pro Nacht, zwischen 1-1,5 Stunden lang, in circa 4-6 Traumgeschichten.

Die Frage ist eher, was uns davon bewusst ist! 😊 Kannst du dich selten an Träume erinnern, liegt das womöglich daran, dass du zu wenig schläfst, absolut übermüdet oder gestresst bist, zu spät ins Bett gehst, noch kurz vorm Schlafengehen isst oder Alkohol trinkst.

Um dich besser an deine Träume zu erinnern, kannst du dir Schreibzeug direkt ans Bett legen, um einen Traum, wenn du erwachst, umgehend aufzuschreiben.

Wenn du nämlich erst einmal auf Toilette gehst oder dir einen Kaffee machst, sind die Botschaften der Nacht oft längst wieder entschwunden.

31

Du kannst deinem Traum auch gleich einen Namen geben, was dabei helfen kann, sich schneller an ihn zu erinnern. Auch Zeit & Grund des Aufwachens sowie das Gefühl dabei zu notieren, kann hilfreich sein, den Trauminhalt zu interpretieren. Zuletzt ist spannend, im Traumtagebuch auch die jeweiligen Tagesereignisse kurz abzufassen, womit rasch geklärt werden kann, ob du das Gestrige verarbeitest oder dir während der Raunächte von einer höheren Macht Visionen des kommenden Jahres eingegeben werden!

Bei all der Beschäftigung mit den Träumen, bleibe wach für folgende Erkenntnis *„Träume nicht dein Leben, lebe deinen Traum!"*

Bildausschnitt: Der Traum (Le Rêve), (1883), Gemälde von Pierre Puvis de Chavannes

Venediger am Mönchsstein

Einmal kam ein Schlosser auf seiner Reise am Brocken durchs Schuppental und begegnete hier zwei Venedigern. Diese beiden fremdländisch aussehenden Männer waren eine Weile vor ihm hergegangen, bis sie plötzlich spurlos verschwanden. Am anderen Tage sah der Schlosser sie wieder das Schuppental hinaufsteigen, doch diesmal ward er bemerkt: „Oh Bruder sieh: Noch so ein Harzer, der eine Kuh mit einem Stein bewirft und nicht ahnt, dass der Brocken wertvoller ist, als die Kuh selbst!", spottete einer der Schatzgräber. „Solchen Stein würd' ich gern' zu Gesicht bekommen!", lachte der Schlosser, der nähergekommen war, den Spaß gehört hatte und seinen Hut zum Gruß hob. „Da müsstest du mit nach Venetien kommen, da haben wir schillernd' Gestein, du würdest den Augen nicht trauen!", entgegneten die Venediger. „Nach Venedig? Ich bin froh, wenn mich die Füße durch den Harz tragen!", wehrte der Schlosser ab, worauf die Fremden ihm feixend auf die Schulter klopften und meinten: „Sorg du nur für guten Schnaps aus Schierke, dann zeigen wir dir, wie du ohne Schritte zu gehen in die Ferne reist!"

Gesagt, getan. Der Schlosser hatte den Schnaps besorgt - ob es der Vorgänger des berühmten „Schierker Feuerstein" gewesen ist, weiß ich nicht zu

sagen – tüchtig sprach man dem Getränk nun zu und war bald darauf matt und dämmernd in der Traumwelt versunken. – Wie der Schlosser aber aufwachte, bemerkte er fassungslos, dass er an einem großen Wasser saß, viel größer war es als alle Teiche des Harzes zusammengenommen. Vor jenem Meer lag eine große Stadt, deren Straßen voller Staub lagen und in der Mittagssonne flimmerten. So faszinierend dieses neue Bild auch des Schlossers Sinne liebkosten, es drängte ihn doch das Heimweh. Und weil die Sehnsucht nach den Harzer Bergen übermächtig war, machte er sich gleich auf den langen Heimweg, der 3 Jahre währen sollte.

Manche meinen, dass der Venediger am Mönchsstein unterm Brocken deshalb die drei Finger gen Himmel zeigt: Es sei eine Warnung für all jene, den Venedigern nicht in den Weg zu kommen. Drei Jahre könne deren Schadenszauber anhalten. Walenbücher, in denen der Mönchsstein erstmals 1518 als „Munch im Schuppenthal" erwähnt wurde, behaupten hingegen, dass es sich hierbei um eine geheime Wegmarkierung handelt. Erzsucher hätten ihre reichen Fundstellen auf jene Weise markiert. Man müsse nur im Licht des Vollmondes exakt drei Kilometer in die verwiesene Richtung gehen, dann stoße man auf Silber, Gold oder das seltene Manganoxid, das man vom Harz nachweislich nach Venedig brachte, um Glas zu schmelzen und zu färben. *(aufgeschrieben von Kiehne in „Sagenhafter Brocken")*

Carsten Kiehne   carsten.kiehne@gmx.net - 0160/99557252   www.sagenhafter-harz.com

Was hat's mit denen bloß?

Sicher fünfzig Venedigersagen kennt der Harz & immer wird ähnliches von den fremden Erz- & Mineraliensuchern berichtet: Sie würden ihrer anderen Hautfarbe wegen misstrauisch beäugt, wären auch kleiner als der gewöhnliche Harzer, schlicht aber seltsam gewandet & würden (sind sie unter Ihresgleichen) in fremden Zungen Kauderwelsch sprechen. Das passt, nennt man sie auch Walen, was sich von „Welsch" ableitet & „Fremder" meint. „Venediger" heißen sie wohl, meinet man einst, sie würden allesamt aus Venedig stammen, seinerzeit weltberühmtes Zentrum für Gold- & Schmiedekunst, für Edelsteinschleifer & Glaskunst.

Viele Harzer wären ihnen begegnet & immer nahm man sie als äußerst freundlich, dankbar & freigiebig war. Stets bezahlten die Venediger die Hilfe der Harzer oder das Quartier mit Schätzen, seltenen Mineralien, die sie von - wer weiß wo - aus dem Harz herausholten, vielleicht um damit Glas herzustellen? Trotz Bewunderung, bleibt die Skepsis der Harzer aber doch, … zurecht? Immer tauchen sie überraschend auf, verschwinden dann plötzlich wieder, kehren aber mehrere Jahre an dieselbe Stelle zurück! Dort würden sie wundersame Dinge treiben, heimlich tun, Zauber kennen. Die Schätze erkennen sie mit einem Bergspiegel, durch den sie blicken, um im Berge im Rücken verborgene Erze auszumachen. Auch könnten sie durch Flötenspiel, die weiße Schlange anlocken, sie ergreifen, braten & essen, womit ihnen geheime Schätze offenbart werden. Auch verfügen sie über Wünschelruten, Zauberblumen & -schlüssel, Schatz- bzw. Walenbücher, in denen alle Fundstellen derer verzeichnet sind, die aus Venedig den Harz zuvor bereisten. In einer Stelle heißt es:

„Gehe hinter dem Brocken auf die alte Straße nach dem Morgenbrodsthale zu, in demselben Thale gehe hin, bis Du wieder an zwei andere Thäler kommest, deren eines zur Rechten, das andere zur Linken lieget, bleibe Du aber im mittelsten so lange, bis Du an einen großen Stein kommest. Zu demselben gehe und siehe Dich um, so wirst Du daran eingehauen finden einen Mönch, der eine Keilhaue auf dem Rücken hat, derselben Spitzen nach gehe den Berg hinauf, so wirst Du eine Saalweide und nahe dabei ein Loch finden, mit Wellen oder Reißig und Rasen beleget, die hebe auf und suche darinnen, so findest Du Körner, die sich platzen oder schlagen lassen und sehr gut sind, die andern aber taugen nichts. An eben selbigem Orte findet man auch einen Mönch am Wasser in Stein gehauen, gehe an dem Wasser hinan und siehe Dich um, so wirst Du einen Ahornbaum, der einer Kerzen gleich ist, finden, drei aus einem Stamm. Daselbst sind in einem Wiesenplatz drei Löcher, die so aussehen, als hätten sie die Schweine gewühlt, darin findet man Körner, die sich breit schlagen lassen. Das Pfund soll 20 Gülden kosten." (Johann Grässe: Sagenbuch des Preuß. Staats, 1868)

Angst bräuchte man nicht vor den Fremden haben – solange man sich an ihre Weisheit hält & keine Regel bricht, sonst können sie selber auch rachsüchtig sein – doch empfiehlt es sich, achtsam zu sein, ansonsten reist man - ohne zu wissen wie - nach Venedig & braucht mitunter viele Jahre, um heimzukehren:

„Jäger Ofenloch traf die Venetianer auf dem Auerberge und wurde von ihnen nach Venedig versetzt. Drei Jahre waren nötig zurückzukehren. – In einer anderen Sage erhielt er von ihnen eine gebratene Gans auf den Weg und mußte sich in einen Trog legen, da war er gleich wieder auf dem Auer-berge. Mit den Seinen aß er die Gans und sie fanden darinnen Ringe, Gold und Edelsteine. Er hat aber das Loch, wo die Venetianer gegraben haben, nie wieder gesehen. Es ist die Stelle, wo heute das Josephskreuz steht." (Heinrich Pröhle: Harz-sagen, 1859)

Ausschnitt eines Bildes aus dem Schwazer Bergbuch, 1556; Folgeseite: Altes Postkatenmotiv vom Bergmönch

Sagen vom Bergmönch

Der Bergmönch im Harz

Einst war der Bergmönch, der gute Geist des Harzes, ein Bergmeister gewesen, ein einfacher Mann, der so viel Freude am Bergbau hatte, dass er kurz vorm Tode den lieben Gott im Himmel bat: „Ach Herr, lass mich anstatt die selige Ruhe im Himmel zu genießen bis zum jüngsten Tag in Berg und Tal, in Gruben und Schächten umherfahren. Lass mich über den Bergbau wachen, in guten Herzen Freude entfachen, die Bösen aber achtsam machen!" Diese Bitte ward ihm gewährt, so dass der Berggeist heute in allem Gestein des Harzes wohnt, durch die Gruben fährt, auch am Tage geht, selbst durch festes Gestein zu wandeln vermag, da es sich vor ihm, wie ein Felsentor öffnet und sich hinter ihm wieder schließt. Er ist noch immer als Bergmann gewandet und trägt ein silbern Grubenlicht in seiner Hand. Dies Geläucht kann heller strahlen als die Sonne, weist den rechten Weg oder blendet für alle Zeit!

Du darfst nämlich nicht denken, dass „Guter Geist" meint, er würde allen alles durchgehen lassen. Gut war er zu Jenen, die rechtschaffen und auch gern ihre Pflicht taten, die den Berg ehrten und artig dankten, für das, was ihnen gegeben ward. Diesen Bergleuten erschien der Geist in Menschengestalt und in Menschengröße. Oft machte er wertvolle Geschenke, gab in die Grubenlampe nie versiegendes Öl oder zeigte Erzadern, die so lang ergiebig wären, wie das Herz des Hauers fürs Gute schlug.

Alle Bergleute aber, die misslaunig und grobschlächtig daherkamen, die undankbar aufs Gestein spuckten, die falsch oder gierig waren, denen erschien er in riesiger, monströser Gestalt mit Augenhöhlen aus denen Feuer schlugen. Wen der Donnerschlag seiner Stimme nicht mit Steinen erschlug, den tötete sein giftiger Atem.
(aufgeschrieben von Carsten Kiehne nach Grässe)

Man sieht's ihm an der Nase an

Einst fuhren zwei Knappen aus Clausthal, der eine hieß Dietrich, der andere Max, in den Schacht. Dietrich war ein frommer und ehrlicher Mensch, ein Bergmann der Sorte, die der Bergmönch gerne belohnt. Max hingegen war unredlich und boshaft. Als beide nach getaner Schicht aus der Tiefe zum Licht empor fuhren, bemerkte Dietrich, dass Max heimlich ein Stück Silberstufe in seiner Kutte verschwinden ließ. „Maxen", sagte er freundlich aber bestimmt. „Ich muss dir unter die Nase reiben, dass dies nicht rechtens ist. Lege das Stück zurück und niemand wird davon erfahren. Nimmst du's aber mit, drängt mich mein Gewissen, es beim Schichtmeister anzuzeigen!" Da rümpfte der Angezählte die Nase und polterte: „Trägst deine Nase ganz schön weit oben, was?" – „Ich meine es ernst, leg es fort!", sagte Dietrich erneut. „Tief in der eigenen Nase steckend, verliert der erhobene Zeigefinger seinen Wert. Ich rate dir, steck deine Nase nicht in Dinge, die dich nichts angehen!", frotzelte Max höhnisch lachend.

Wie die Beiden zu Tage kommen, stand plötzlich wirklich der Schichtmeister vor den Beiden, worauf Max kurz den Dietrich musterte und lieber die Nase vorn haben wollte. Schnurstracks ging er auf den Steiger zu und behauptete: „Herr Schichtmeister, habt Aug und Nase auf den Dietrich. Er schadet dem guten Ruf unserer Knappschaft und hat sich unten im Berge eine Silberstufe eingesteckt, ich hab's gesehen – durchsucht ihn gleich, meine Aussage wird sich bestätigen!" – „Du führst mich doch an der Nase herum, Max. Wenn ich was in meinen Taschen habe, dann nur, weil du mir das Gestohlene heimlich zugesteckt hast!", versuchte sich Dietrich zu erklären und hoffte, damit nicht auf die Nase zu fallen.

Der Schichtmeister aber hatte einen guten Riecher. Er kannte seine Pappenheimer, wusste um Maxens geringen Charakter und erinnerte sich wohl daran, dass er ihm schon oft genug auf der Nase herumgetanzt war. Auch sah er es den Augen Dietrichs an, dass sie die Wahrheit sprachen. „Max, ich habe die Nase voll von dir, erst stehlen und dann verleumden?", fragte der Schichtmeister aber Max schwor hoch und heilig, dieses Mal die Wahrheit zu sagen. „So wahr als meine Nase kein Erzklumpen, sondern von Fleisch & Blut ist, so wahr sprach ich!" rief er laut.

Plötzlich polterte es hinter den Männern im Berg. Bis dato hatte sich der Bergmönch zurückhalten können, doch jetzt platzte ihm der Kragen seines Kittels. Wütend schlug er mit seiner Faust ein Stück Erzklumpen aus dem Gestein, das sobald losgehauen, wie von unsichtbaren Händen geworfen, durch die Luft und dem Max mitten ins Gesicht hineinflog. Hoch spritzte das Blut auf und Maxen schrie wie angestochen. Mühselig versuchte er den Erzklumpen, der felsenfest in seinem Gesicht saß, runterzukriegen, was misslang! Dass der Bergmönch hier seine Hand im Spiel hatte, ahnte jeder der Anwesenden. So war seine Unredlichkeit bewiesen, worauf man Max ins Gefängnis warf. Dort gestand und bereute er später, die Erznase aber, die trug er bis zum Letzten seiner Tage, was daran liegt, dass eine Lüge bereits dreimal um die Erde gelaufen ist, bevor sich die Wahrheit die Schuhe anzieht! *(aufgeschrieben nach Pröhle)*

35

„Alles, was man sich vorstellen kann, ist real", laut Picasso

Hey, aber bitte, sag`s Niemandem, okay?", flüsterte ein Kumpel dem anderen zu, aus Angst für verrückt gehalten zu werden. „Wer unter Tage seltsame Dinge sieht oder hört, hat schnell der Ruf weg, nicht alle an der Latte zu haben oder zu oft ohne Helm gegen Hangendes gestoßen zu sein!", gesteht mir ein alter Bergmann, der selbst zig sonderbare Phänomene gesehen aber bisher für sich behalten hat. Auch seinen Namen möchte er nicht preisgeben, weshalb wir ihn einfach den „Steiger" nennen wollen. ☺

Hunderte von Sagen & Märchen erzählen zwar vom Bergmönch, Geistern oder den Unterirdischen, die viele Namen haben (Zwerge, Wichtel, Heimchen, Trolle, Kobolde, Berg- & Hüttenmännchen, Dunkelelben (in Anlehnung von den Elfen über Tage und denen, die im stockfinsteren Erdreich hausen)), aber welcher Erwachsene glaubt schon an Märchen? „Es genügt ja wohl in seiner Freizeit, >Herr der Ringe<, >Der Hobbit< oder >Harry Potter< zu gucken, rumzuwundern & den Phantasien freien Lauf zu lassen! Wer aber auf Arbeit unter Tage wirres Zeug sieht, sollte sich lieber untersuchen lassen!", so ein anderer Kumpel.

„F20-F29" könnte dann kleingedruckt auf dem „Krankenschein" stehen, den der untersuchende Arzt mit der Empfehlung ausgibt, sich dringend mal an einen Seelenklempner zu wenden. „Schizophrenie, psychotische oder wahnhafte Störungen" werden gerne diagnostiziert, wenn man (oder Frau) Dinge hört oder sieht, welche von der Allgemeinheit nicht wahrgenommen werden, so auch beim Steiger.

„Mein Arzt sagte mir – nachdem er mich fragte, ob ich mir regelmäßig >Einen gönnen< würde, also Alkoholiker wäre – dass Halluzinationen unter Tage im Grunde völlig normal seien & von vielen Bergleuten als real erlebt werden würden.

Auslöser meiner Wahnvorstellungen könnten auch Schlafmangel, Erschöpfung, Unterkühlung oder z.B. Vergiftung durch mattes Wetter, also schlechte Luft/ mangelnde Belüftung sein. Auch das Alleinsein im Berg, die soziale Isolation trage begünstigend zur Bildung von Phantastereien bei! … aber weißt du, Carsten, ich arbeite schon so lange unter Tage & kann mich & meine Grube ganz gut einschätzen & mein tägliches Befinden, mit dem anderer Tage vergleichen. Wenn ich diese sonderbaren Dinge sehe oder vielmehr spüre, ist gar nichts anders als sonst!

Ich bin weder besonders gläubig noch ängstlich, doch manchmal habe ich, wie einen sechsten Sinn: Eine unsichtbare Kraft hielt mich zurück oder sagte mir, den altbekannten Gang besser nochmal auszuleuchten und wirklich, wäre ich weitergegangen, wäre ich abgestürzt! Manchmal hörte ich den Felsen zu mir sprechen, kein anderer hat's wahrgenommen. Aus Vorsicht verließ ich mit meinen Kumpeln den Arbeitsplatz & nur wenige Minuten später hat's dort wirklich tüchtig gerumpelt. Wir wären allesamt erschlagen worden, hätte ich den mahnenden Stimmen kein Vertrauen geschenkt. Ich bedanke mich täglich beim Berggeist – und das ist wirklich verrückt – ich habe immer das Gefühl, dass das vom Berg wahrgenommen & honoriert wird. Glück auf!"

Das was der Steiger so oft schon erlebte, haben viele unsere Kinder noch ganz natürlich in sich: Sie sehen und spüren Naturwesen, haben „unsichtbare Freunde", hören Stimmen, was ihnen von den Erwachsenen jedoch rasch ausgetrieben wird, als gelte es „böse Geister" zu verjagen. „Da ist nichts mein Liebling, schlaf weiter!", hat wohl ein Jeder von uns schon einmal zu seinem Kind gesagt! Ja, wir Deutschen sind stolz auf unsere Vernunft und die in der Zeit der Aufklärung entstandenen „preußischen Tugenden". Wir glauben nur, was wir sehen, was wir anfassen können, was der Pflicht- & Planerfüllung dient. „Spüren, fühlen & achtsames Wahrnehmen" wird von Vielen immer noch als unsinniger Weiberkram abgetan, dabei sind manche Phänomene nicht mit Unsinn, sondern vielmehr durch über- oder außersinnliches Wahrnehmen zu erklären.

3

Was unsere Leser fragen:

Alles Quatsch meinst du? Außersinnliches gibt es nicht? Schon einmal ein DejaVu gehabt, oder an Jemanden ganz fest gedacht, der in diesem Moment dann wirklich anrief? Schon einmal die Gefühle deines Gegenübers wahrgenommen (Empathie) oder gemeint, die Gedanken des Anderen verstehen zu können (Telepathie)? Schon einmal ein komisches Gefühl gehabt, etwas Furchtbares geschehen sehen oder erträumt, was dann tatsächlich eintrat (Präkognition)? Viele Menschen können „Hellsehen", „Hellhören" oder „Hellfühlen", sprechen aber hierzulande nicht drüber, weil sie befürchten, nicht mehr ernst genommen zu werden. In anderen Ländern aber, in Island zum Beispiel, glaubt 60% der Bevölkerung fest an Elfen & Andersweltwesen. Weitere 30% halten deren Existenz zumindest für möglich. Dort gibt es sogar Elfenbeauftrage, die beim Bau von Häusern zu Rate gezogen werden. Wenn der oder die Elfenbeauftrage feststellt, dass an einem Platz die Andersweltwesen hausen, dann wird eine Autobahn schon einmal – die Mehrkosten eben in Kauf nehmend – um das Elfenheim herum gebaut. Wir Deutschen, wir rühmen uns für unsere Gradlinigkeit. Wir betonieren, was & wo wir betonieren wollen, ganz nach Plan, auch wenn's sich später als Unsinn herausstellt & wir uns später wundern, weshalb es gerade auf diesem Autobahnabschnitt so viele Unfälle gibt!

„Wir sehen eben immer nur, was wir sehen wollen.", so eine Elfenbeauftragte, „Jeder kann lernen, Andersweltwesen wahrzunehmen, wenn er bloß beginnt, deren Existenz für möglich zu halten. Wissen wir eigentlich: Wir sehen nur mit dem Herzen gut!" ☺

Hand auf's Herz, Sagenhafter Harz, glaubt ihr an Berggeister & Zwerge?

Zuallererst halte ich verschiedene Theorien für denkbar, welche zu den Zwergsagen geführt haben könnten: Vor vielen hundert Jahren setzte man junge Buben (Bergknappen) in den Gruben ein, die aufgrund ihrer geringeren Körpergröße natürlich leichter durch enge Schlüfte konnten, als erwachsene Bergmänner! Fremde, die die kleinen Wichte haben arbeiten sehen, mussten zwangsläufig an Zwerge denken!

Die Möglichkeit, dass die Bedingungen unter Tage (schlechte Luft, erschöpfende Arbeit, Dunkelheit, schlechte Ernährung, Deprivation & die damit verbundenen Ängste, Wahnvorstellungen auslösten, war sicher auch gegeben!

Ich selbst hatte aber auch oft genug schon außersinnliche Erfahrungen an Orten, von denen Zwergsagen erzählt werden. Vielleicht war es eine Einbildung, doch nicht ohne Grund, werden Naturvölker den Glauben gehabt haben, dass die ganze Natur - Sonne, Mond & Erde, Bäume, Felsen & Gewässer - belebt war. Die Sagen erzählen von schädlichen Energien, die lokal gebunden sind (z.B. Aufhucker im Selketal, Tratschbarbe in Sangerhausen) von hilfreichen Kräften mit eigener Seele oder Kraftorten, allesamt Dinge, die nicht sichtbar, für Feinfühlige aber doch wahrnehmbar sind. Ich für meinen Teil möchte daran glauben, dass es mehr zwischen Himmel & Erde gibt! Wenn die Menschen die einzigen intelligenten Geschöpfe auf Mutter Erde & im Weltall wären, na dann gute Nacht! ☺ Dein Carsten

37

Carsten Kiehne   carsten.kiehne@gmx.net - 0160/99557252   www.sagenhafter-harz.com

Eine Zwergsage aus Bad Grund

Die Iberger Tropfsteinhöhle

In Bad Grund dürfen die Zwerge, seitdem im dreißigjährigen Kriege ein großes Stück vom Hübichenstein heruntergeschossen wurde, nicht mehr auf die Erdoberfläche kommen. Sie sitzen unten in ihrem weitverzweigten Netz aus Höhlen und Tunneln und erscheinen den Menschen höchstens noch im Traum. All jene Menschen, die achtlos mit der Natur umgehen, Müll wegwerfen oder zu tief in Zwergkönig Hübichs Reich graben, träumen wirr, fiebernd und wachen am andern Morgen schweißgebadet auf. Die Menschen aber, die reinen Herzens sind, werden von den Zwergstimmen & Eingebungen auf die rechten Pfade gelockt.

Dann gibt es noch jene Kinder, die zu Walpurgis oder Halloween geboren wurden, damals hießen die Feste Beltaine und Samhain. Haben sie sich ein reines Herz erhalten, dann können sie bei einer Führung durch die Iberger Tropfsteinhöhle die Zwerge fühlen und sehen. So ging es einem

Buben vor über hundert Jahren, der sich mit seinen Eltern in König Hübichs Reich führen ließ. Da erzählte der Höhlenführer von diesem und jenem, auch von der steinernen Schildkröte, die den Eingang ins Zwergenreich bewacht und im Stande wäre, demjenigen der sie berühre Wünsche zu erfüllen. Die Erwachsenen lachten und gingen achtlos daran vorbei. Der Knabe aber spürte den Zauber des Steines, sein inneres Leuchten und bat aus vollem Herzen darum, den Zwergkönig einmal leibhaftig sehen zu können. Die Klänge der Zwergorgel würden nur Menschen mit besonders reinem Herzen hören, nur jene, die niemals gelogen hätten, wurde vorne mit gewichtiger Miene erklärt.

Die Menge blieb stumm und lauschte, doch niemand hörte auch nur einen Laut. Nur dem Jungen war's, als würden ihm hundert Musiker aufspielen. Ganz entzückt blieb er stehen und träumte sich in den Tanz großer goldener Felsensäle und hatte dabei gar nicht mitbekommen, wie er von seinen Eltern wieder und wieder gerufen ward, weil die Führung weiter ging. Schlagartig und schmerzlich fiel er zurück in die Welt unter Tage, weil sein mittlerweile erboster Vater ihn am Ohr weiter zur Gruppe zog. Die Tadel aber waren rasch vergessen. Denn als alles den „steinernen König Hübich" bewunderte – ein dicker Stalaktit, dem wohl von den ersten Bergleuten einst zum Spaße ein weiterer Stein als Hut aufgesetzt wurde, was heutzutage durch den Sinter fest verwachsen ist – da zupfte es dem Jungen von hinten am Mantel.

Wie der Bub sich umwandte, war da eine Spalte im Felsen. Darin stand ein steinaltes Männlein mit langem grauen Bart und einer Krone auf dem Kopf. Das lächelte wohlig vergnügt, gebot dem Knaben Stillschweigen und legte ihm eine Faust voll Sinterperlen in die Hand. Mit einem leichten Kopfnicken trat der Zwerg zurück, der Felsen schloss sich vor ihm und nichts als mit Sinter überzogenes Gestein blieb zurück. „Komm Junge, du trödelst schon wieder!", rief der Vater bissig, weil's ihm leid war, dass er mit diesem Sohnemann einen rechten Tagträumer bekommen hatte. „Was soll aus ihm nur werden?", dachte er beim Hinausgehen und fragte draußen, was sein Sohn in der Hand verberge. Wie der Knabe die Hand öffnete, da lagen darin - zum Erstaunen aller - kleine Goldkörner. Als der Vater zuhause die ganze Geschichte hörte, da begann er zu glauben, dass der tagträumende Sohn sein Glück wohl irgendwie machen werde.

(aufgeschrieben von Kiehne nach einer Führung durch den Iberg)

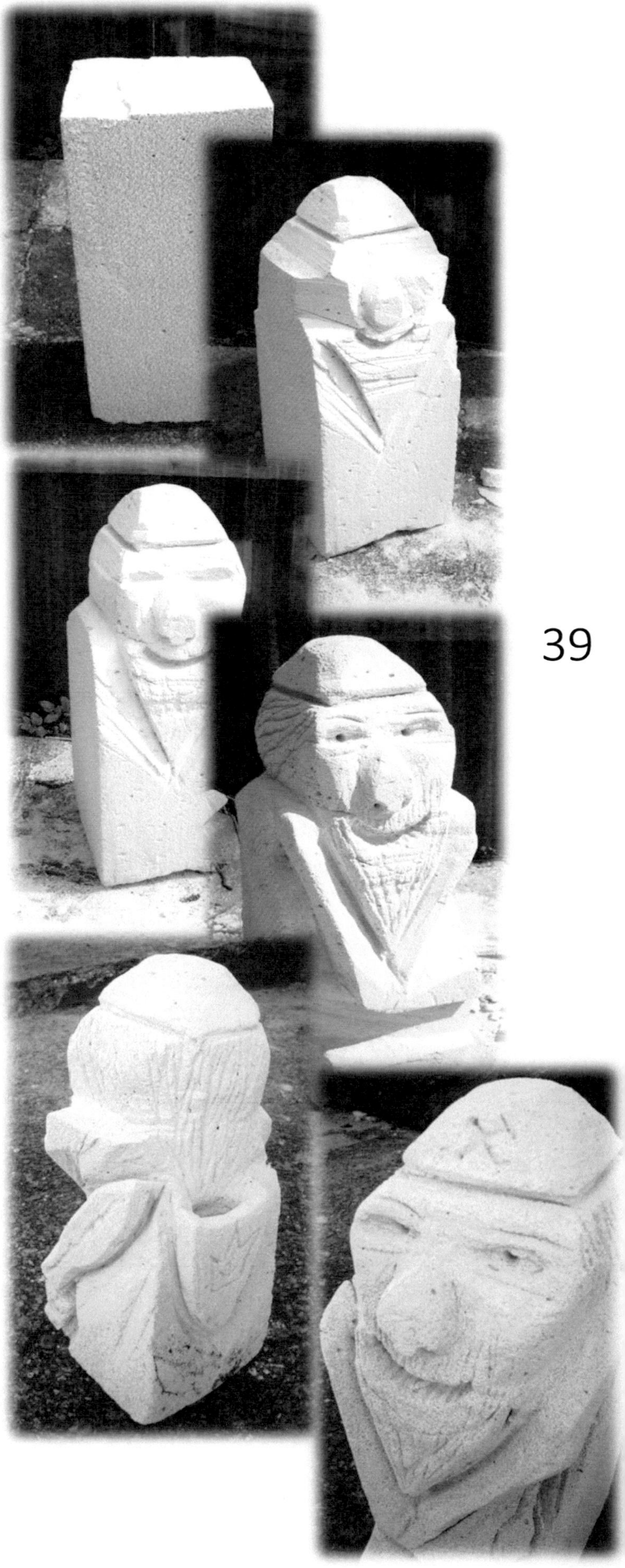

Entdecke den Zwerg in dir

Zwerge sollen super Baumeister gewesen sein, haben sie doch unter Tage wahre Paläste geschaffen. Wenn du magst, probiere auch du dich aus. Baue zum Beispiel einen Zwerg aus Ytong-Stein

1. Nimm dir einen Block Ytongstein und überlege Dir, wie groß Deine Skulptur werden soll. **Säge sie zurecht**.

2. **Kennzeichne mit einem Stift**, welche Stellen vorstehen sollen:

   - Oben: Zwergkappe (Hut)
   - Vorne: die Nase und der Bart
   - Hinten: die wilden Haare, die Kiepe (ein Korb) auf dem Rücken
   - Seitlich: die Arme, oder eine Axt
   - Unten: die Füße

3. Jetzt **säge** vorsichtig um die Stellen drum herum, die stehen bleiben sollen.

4. Mit einer **Pfeile** erfolgt die **Feinarbeit.**

5. Zum Schluss ritze mit einem **Nagel** die **Konturen** nach.

VORSICHT: Pass gut auf, dass du den Staub nicht ins Gesicht bekommst! Danach gut deine Hände waschen!

Bitte dran denken: Es ist noch kein Baumeister vom Himmel gefallen – Übung macht den Meister!!! ☺

39

Schätze im Harz:

„Mein Schatz ..."

Wer denkt nicht gleich an Gollum, das verfluchte Wesen aus „Herr der Ringe", das zu Tode betrübt ist, als ihm der goldene Zauberring verloren geht? So lange hat er „seinen Schatz" – den Ring, sie zu knechten, sie zu finden und alle ins Dunkle zu treiben ... – behütet, was ihm nicht unbedingt gut zu Gesicht steht! Zauberdinge sind im Harz, glaubt man den Geschichten, hunderte versteckt: Das Zauberbuch des Schlossmüllers bei Ballenstedt, die Krone des Schlangenkönigs im Selketal, die zauberhafte Blaue Blume auf der Lauenburg.

Auch Sagen von weltlichen Schätzen gibt's hier in unglaublicher Fülle: Die Türme der Schäferkirche zu Quedlinburg wurden von einem Schatz, auf der Pfennigwiese gefunden, bezahlt. In den alten Ruinen der Raubritterburgen sollen überall noch versteckte Schätze liegen, die man nur mit aufwendigen Ritualen bergen könne: Zum Beispiel heißt es, man müsse in einer Vollmondnacht nackend auf den Knien, dreimal gegen den Uhrzeigersinn um einen solchen, verborgenen Hort herumkriechen, dabei ein nacktes Weib auf seinem Rücken tragen, dürfe aber auf gar keinen Fall, möchte man den Schatz heben, einen Laut von sich geben ... bei welcher Beschäftigung auch immer! ☺

So ist es manchmal fraglich, um welche Art von Schatz es sich handelt: „Ich habe einen Schatz gefunden", singt Silbermond, um dem Hörer gleich klar zu machen, dass es nicht um Gold & Silber geht. „Und er trägt deinen Namen, so wunderschön und wertvoll, mit keinem Geld der Welt zu bezahlen ...!" – Nein, keine Bange, wir wollen hier keine Werbung für Harzflirt oder ein anderes Single-Such-Portal machen, auch wenn es Harzer Geschichten gibt, dass man sich so manchen Schatz, eine verzauberte Prinzessin zum Beispiel oder die Schlüsseljungfer selbst, durch einen Kuss erlösen kann, ist MANN nur mannsgenug, das auch zu tun!

Von Jenen, die aus bitterer Erfahrung heraus, die Nase voll davon haben, aus dem edlen, holden Geschlecht den Schatz fürs Leben zu finden, habe ich schon einige kennengelernt: Sie konzentrieren sich lieber auf Reichtümer, die man anfassen kann: Gold, Silber & Edelgestein, alte Münzen & Porzellan. Eine solcher Schatz fiel einem Quedlinburger Buben in die Hände: Eine Truhe auf dem Dachboden, darin ... 4 Tellerchen! Mmh, naja, zumindest sahen sie ganz hübsch aus & brachten auf dem Flohmarkt 100 Mark. Viele Jahre später sollten dieselben Teller nun im Quedlinburger Antiquariat versteigert werden & erbrachten die unglaubliche Summe von 210.000-€ - es waren Fayence-Teller von 1537!

Und damit nicht genug: Wanderer entdeckten vor vielen Jahren beim Klettern am Regenstein eine Höhle, darin Waffen aus der Bronzezeit. Beim Bau der B6n fand man ein riesiges Fürstengrab. In einem Nebenhaus Quedlinburgs waren jahrzehntelang ein gewaltiger Schatz an Feininger-Bildern versteckt. - Der Film „Monuments Men", den man mitunter im Harz abdrehte, erzählte von den Kunstschätzen, welche die Nazis kurz vor Kriegsende heimlich in den umliegenden Höhlen deponierten. Vieles davon ist wieder aufgetaucht, einiges bis heute verschollen, wie das Bernsteinzimmer oder der Schatz der Junkerswerke, der immer noch im Hagental bei Gernrode im gesprengten Bergwerk schlummern soll!

WICHTIG: Im Harz nach Schätzen (z.B. mit einem Metalldetektor) zu suchen ist zwar grundsätzlich nicht verboten, bedarf aber meist einer Genehmigung der Unteren Denkmalschutzbehörde & eines zweitägigen Sondengängerkurses!

Da sin we nich zuschdändich

Meine Eltern würden sich die Haare raufen, wüssten sie, wo wir Kinder uns damals im Harz so rumgetrieben haben. Wir waren noch draußen – das machte man damals so als Kind und fürchtete eines mehr als alles andere, eine Bestrafung, die Kinder aus der heutigen Zeit achsel-zuckend hinnehmen, weil sie eh nicht rausgehen: Stubenarrest! In den Sommerferien waren wir oft den ganzen Tag unterwegs … und haben unsere Wälder erobert, Kletterbäume gefunden, Felsen erstiegen, Höhlen erkundet … und Bunker.

Ich vergesse nie meine Lehrerin Frau Reiß, so um die 1,50m muss sie groß gewesen sein und doch, kam sie mir damals riesig vor, als sie mir – es war Belehrungszeit in der Schule, SAMSTAG, 10:30 Uhr, ich war gerade Drittklässler geworden – die Leviten las: „Carsten, ich will nicht wieder, wenn du im Wald rumjuckelst, dass du da nach Fundmunition buddelst. - … Carsten, stehe auf … steh' gerade, die Hände an die Hosennaht … und jetzt versprich's, sonst sag ich's der Oma!" – „Ja, Frau Reiß!", kam kurz und zackig, worauf ich mich kerzengerade auf meinen Platz zurücksetzte, um

pünktlich nach dem Mittagessen mit den Kumpels in den Wald zu laufen und in den Fichtenschonungen nach Fundmunition zu suchen.

Soweit muss ich als Erwachsener nicht mehr gehen … - jetzt reicht es, im Haus, das wir vor 12 Jahren gekauft haben, zu renovieren und den morschen Dielenboden auszuwechseln. ☺ Einmal, ich erinnere mich, es war Freitagnachmittag und ich kam gerade von Arbeit, da sagte mir meine Frau, sie hätte eine Pistole gefunden, eingerollt zwischen alten Laken, versteckt im Schuppen. Sie hätte sie aber schon in die Mülltonne

geworfen. Eine Pistole? Nun, ich bin ja Sozial-pädagoge, aber immer noch soviel Mann, dass ich eine Waffe angucken muss. Also kroch ich in die Tonne, kramte nach der Pistole und musste schlucken: Das war keine Schreckschusswaffe, das Ding war echt, so ein Modell für die Jackentasche von Sauer und Sohn, Baujahr 1913. Mehr noch: Die Waffe war aufmuni-tioniert, entsichert und total verrostet – schon beim Hineinwerfen in den Mülleimer hätte sie hochgehen können!

„Also gleich bei der Polizei anrufen!", dachte ich mir und erzählte der zuständigen Behörde in der nächsten Stadt: „Ja, Kiehne hier, Bad Suderode, wir haben eine Pistole gefunden …!" – wie gesagt es war Freitagnachmittag – Da höre ich: „Da sinn we nich für zu-schdändich, rufn se ma nächste Woche beim Ordnungsamt an!" – klick, aufgelegt. Kopfschütteld hielt ich das piepsende Telefon in der Hand, worauf mich meine Frau fragte, was denn los sei und ich ganz verdattert Antwort gab: „Die Polizei ist nicht für einen Waffenfund zuständig, sagt sie. Mit drei kleinen Kindern sollen wir das Ding bis nächste Woche im Haus behalten??? Die wollten ja nicht mal wissen, was es für ein Modell ist!"

Das Ende vom Lied: Die dienstbeflissenen Herren der nächstgrößeren Stadt holten es ab. Seitdem haben wir noch einiges im Haus gefunden, über 200 Jahre altes Kriegs- oder zumindest Wildererwerkzeug, gänzlich verrostet, schuss- und stichunfähig. Wir fänden sicher noch eine Menge mehr, würden wir ernsthaft suchen, wofür sich jemand zuständig fühlen müsste, es aber selten tut, zumindest dann nicht, wenn gerade mal wieder Wochenende ist! *(aufgeschrieben von eurem Sagen- & Märchenerzähler Carsten Kiehne im Buch „Alte & neue Anekdoten aus Bad Suderode am Harz")*

Edelsteine: Bloß schöne Staubfänger?

Nein, ein Edelstein kann mehr ...

Was soll ein Edelstein können als schön aussehen & rumliegen, fragst du vielleicht!? Unsere Vorfahren waren sicher, ebenso wie wir heute, fasziniert von diesen blinkenden Schätzen aus Mutter Erde. Die Steine benutzte man aber nicht nur als Schmuckstücke oder Tauschware, sie waren wohl auch für die Heilkünste von wert! Vielleicht hast du ja Lust, das Überlieferte am eigenen Leibe auszuprobieren?

Welcher Stein ist in diesem Moment der richtige für dich, dich zu klären/ zu heilen/ zu kräftigen? Welche Farbe zieht dich an? Welche Form & Größe? Wo willst du ihn dir auf deinen Körper legen? Was verändert sich, wenn du das tust? (Den richtigen Stein kannst du durch das Stöbern in einem Steinlädchen (z.B. dem SaarHarzer Steinlädchen, Bahnhof Thale), durch ziehen einer Orakelkarte, oder durch den Kinesiologischen Muskeltest herausfinden!)

1. Wähle einen **Handschmeichler,** trage ihn in der Hosentasche & du wirst bei jeder bewussten Berührung des Steines spüren, wie er dich entschleunigt, dir Ruhe & Kraft schenkt! Die Wirkung verstärkt sich übrigens immens, wenn du den Stein bittest (!!!) – auch, wenn's sich seltsam anhört: Bitte ihn, wie einen Freund, dir beizustehen, dir zu helfen & sei gespannt, was geschieht!

2. **Stelle einen Stein am Arbeitsplatz auf** & betrachte ihn dreimal am Tag mindestens 60 Sekunden lang. Allein das Anschauen des Steines wird deinen Stress mindern & deine Stimmung verbessern!

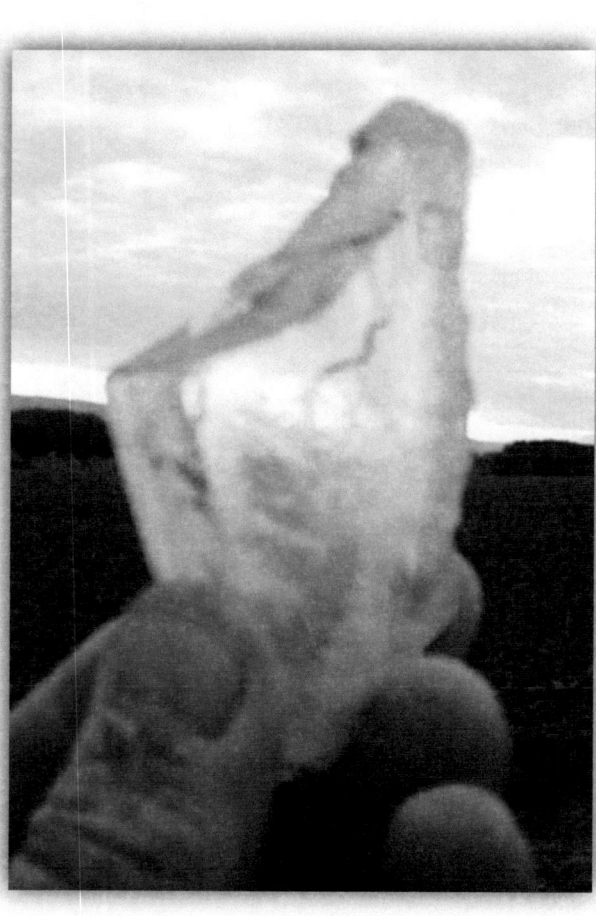

4. **Edelsteinkette:** In jeder Religion der Welt gibt es Malas, Gebetsketten mit bis zu 108 Perlen. Du kannst dir auch eine Kette mit deinen Lieblingssteinen nehmen, den ersten Stein zwischen deinen Finger halten und einen tiefen Atemzug nehmen. Dann berühre den nächsten Stein und atme wieder tief ein & aus. Lass den dritten durch deine Finger gleiten und atme lächelnd ein & aus! Mit jedem Stein kannst du auch eine Affirmation (wie ein Zauberspruch) denken oder sprechen: „Ich bin gesund!", „Ich schaffe das!" oder „Danke!"

3. **Steine auflegen:** Sinniere zuerst, welches Thema dich derzeit belastet? Welcher Gedanke lässt dich nicht mehr los? Und, wo im Körper sitzt dieses „Thema" fest – vielleicht als Druck im Kopf, als zugeschnürter Hals, ein enger Brustkorb? Vertrau deinem Gefühl:

5. **Wasser energetisieren:** Nimm eine Glaskaraffe, lege einige mit Sonne aufgeladene Trommelsteine hinein (vielleicht Bergkristall, Rosenquarz, Amethyst), übergieße sie mit Wasser & lasse es drei Stunden lang stehen. Jetzt kannst du das energetisierte Wasser genießen!

Besuch unsere Freunde: *SaarHarzer Steinlädchen* (Bahnhofstr. 1, 06502 Thale, 03947/7786700)

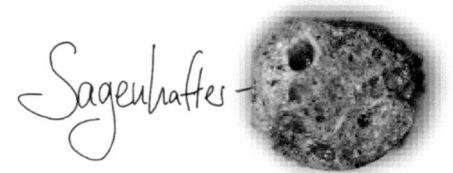

Marienglas, des Einhorns Seele

... einst wäre in den Seweckenbergen bei Quedlinburg das letzte Einhorn gestorben. Im Zeitpunkt dessen Ablebens ging die reine Seele auf den Felsen über, womit der vorher raue Fels sich in durchschimmerndes, klares Heilglas verwandelte. Auch die Reliquienkästen in den Kirchen wurden damit verglast, daher der Name. Man müsse sich nur ein Stück „Einhornseele" auf eine Stelle des Körpers legen, die schmerzt & sofort würde der Krankheitsgeist aus dem Körper in den Stein hineinfahren. Wenn man ihn loswäre, bräuchte man den Stein nur in Salzwasser reinwaschen, um ihn erneut zu benutzen.

Diamanten im Harz: Stolberger

... hätten schon die Venediger am Auerberg bei Stolberg neben den ausgespülten Wegen gesammelt. Die kleinen Steinchen sollen in der Geldbörse dafür sorgen, dass sie niemals alle wird!

Harzer Blutstein

... sollte nahe am Körper getragen werden, um den Träger mit innerer Ruhe & Gelassenheit zu beschenken & dessen Kraftreserven zu mobilisieren. Ihn hatten die Harzer dabei, mussten sie beschwerliche Wege zurücklegen oder stand ein Kampf unmittelbar bevor.

Im Heilwasser verwendet man ihn nicht, da der Blutstein mit Wasser reagiert & sich womöglich Teile ablösen! Um ihn zu entladen, lege ihn eine Nacht auf einen Bergkristall und den kommenden Tag in die Sonne!

Was Fluorid ins Fließen bringt

... der Flussspat, bringt nicht nur Erze in der Schmelze schneller zum Fließen. Seine Kräfte setzt er allein dadurch frei, dass man ihn betrachtet & staunt, weshalb er heute oft im Büro aufgestellt wird & damals die Ratsstuben zierte. Er soll helfen, die Gedanken anzukurbeln, Lernprozesse zu fördern, um das Wesentliche & Notwendige stets im Auge zu behalten. Dabei wirkt vor allem der grüne Fluorid, auf Körper & Geist & einen Arbeitsraum natürlich harmonisierend; schafft einen Ausgleich zwischen den eigenen Bedürfnissen & den Wünschen meines Gegenübers. Durch das Wahrnehmen des Anderen, bringt er auch das Miteinander wieder ins Fließen & ist damit ein guter Streitbrecher. Um ihn zu entladen, lege ihn ins fließende Gewässer, zum Aufladen, in die Sonne.

43

Bode-Achate

... wären Teile des versteinerten Auges Wotans. Vom Gottvater hat die Bode (Wode) ihren Namen, musste er eines seiner blauen Augen geben, um aus dem Quell der Weisheit trinken zu dürfen. Um weise zu werden, musst du keines deiner Augen opfern. Es genügt, einen Bode-Achat in der Hand zu halten, deine Frage zu stellen, den Stein weg zu legen & der Antwort zu lauschen, wenn du ihn am anderen Morgen berührst!

Ein besonderer Fund im Harz:

Gabe Gottes, die Grube Dorothea

Bergbau war schon immer ein schwieriges und riskantes Unterfangen, nicht nur, was die körperlich harte Arbeit und die Gefahr betrifft, verschüttet zu werden. Die meisten Bergbau-Unternehmen waren schlichtweg nicht rentabel, wurden insolvent und gerieten in die Vergessenheit. Ganz anders bei der Grube Dorothea bei Clausthal. Wer hier zuvor investierte und ein gutes geduldiges Herz besaß, der wusste bald nicht mehr wohin mit seinem Gelde.

Zuvor aber hieß es schufften, hoffen, warten, denn über 50 Jahre nach Inbetriebnahme fuhr auch dieser Schacht Verluste ein. Die Bergleute beteten täglich zum lieben Gott, dass er den Boden zu ihren Füßen und die Decke über ihren Köpfen sichere, was der Schöpfer auch gerne tat. Die Bitte um reiches Erz, mochte oder konnte er hingegen nicht erfüllen. „Kumpel, lasst uns morgens und abends weiterhin zum lieben Herrgott beten, in der Mittagsstunde aber, in der die goldene Sonne über Tage am höchsten steht, zum alten Geist der Tiefen, dem Bergmönch, auf dass er uns helfe, das kostbare Glitzern auch unter Tage zu finden!", sagte der Steiger, was die Hauer munteren Herzens taten.

Und siehe da, waren drei Tage oder drei Wochen im Jahre unseres Herrn 1705 vergangen, da kam man auf einer Tiefe von exakt 100 Metern auf einen silbernen Menschenkopf. Wie man vorsichtig weiter absank, gelang eine ganze Menschengestalt von lauterem Silber zum Vorschein. Die hatte unzweifelhaft die Gestalt des Bergmönches, wie er leibt und lebt, weshalb es niemand wagte, diese Statue zu beschädigen. Von diesem Tage an war die Erzgrube die Ergiebigste im ganzen Clausthaler Revier, was auch die Kuxinhaber erfreute. In jedem Quartal bekamen sie eine Ausbeutezahlung von über 100 Talern, was damals ein Vermögen war. Ein Lehrer zum Vergleich verdiente 100 Taler im Jahr! Die Kumpel meinten der Schacht könne nur „Silberner Mann" heißen, was die gottgläubigen Investoren, die nichts von dem geheim gehaltenen silbernen Bergmönch wussten, nicht verstehen wollten. Für Jene war die Grube eine Gabe Gottes, ein Geschenk von Mutter Erde, weshalb sie ihr den Namen „Dorothea" gaben – nach dem Griechischen δῶρον *doron* für ‚Gabe', ‚Geschenk' und Θεα *thea* für ‚Göttin' – auch um die heilige Dorothea, die Schutzpatronin der Bergleute zu ehren.

Zum Höhepunkt der Produktion förderten die rund 150 Bergmänner über 300 Tonnen Erz in der Woche und drangen dabei mit der Zeit in immer größere Tiefen vor, zuletzt im 19. Jahrhundert auf 576 Meter. Fast das Niveau des Meeresspiegels! Solch ein unverhoffter Reichtum zog freilich Interessenten nach sich, die schauen wollten, mit welchem Zauber es hier zuging, insgesamt sollen es über die Jahre 20.000 gewesen sein, darunter keine Geringeren als Johann Wolfgang von Goethe, James Watt und Heinrich Heine, die für den Eintritt und die Führung durch die Gänge sogar gerne blanke Taler zahlten – wahrlich, die Dorothea, eine Gabe Gottes!

Einmal aber ließ sich ein Bergmann durch seine Habsucht verleiten und schlug vom Silbernen Mann einen kleinen Finger ab. Da schoss aus der Wunde ein gewaltiger Wasserstrahl heraus, ergoss sich immer mehr und mehr, füllte die Gänge nach und nach, so dass sich die Menschen nur mit Not und Mühe aus der Grube retten konnten. Bis zum heutigen Tage ist der Großteil der Dorothea ertränkt, nur ein winziger Abschnitt ist den Touristen noch zugänglich!

(aufgeschrieben von Carsten Kiehne nach Pröhle & Sternal)

Ob nun die SUPERillu, die Kirchenzeitung des Bistums Hildesheim, Wander- oder Märchenmagazine, die Lokalpresse, das Reiki-Magazin oder verschiedene MDR-Produktionen, die uns allein dieses Jahr interviewten – die breite Öffentlichkeit hat scheinbar verstärkt Interesse an den altüberlieferten Erzählungen & der Arbeit von Sagenhafter Harz. Darüber freuen wir uns riesig, hilft doch diese Aufmerksamkeit dabei, mehr Menschen dafür zu gewinnen, sich der Bedeutung guter Geschichten & dem Erhalt der Heimatgeschichte bewusst zu werden! ☺

Unser Beitrag für Heimat & Heimatgeschichte ist:

- Das Sammeln & Archivieren alter Harzer Chroniken, alter Sagen- & Märchenbücher (ca. 2.500 stehen im Archiv)
- Das zur Verfügung-stellen der Geschichten für die breite Öffentlichkeit (kostenlos auf facebook, youtube & instagram)
- Das Herausgeben „neuer" Sagensammlungen, wobei wir die Geschichten nicht neu fabulieren, sondern sie aus den alten Werken in verständlicher Sprache in berührende Textform bringen – unsere Werke, bisher haben wir über 20 Sagenbücher auf den Markt gebracht, sind in jedem Buchhandel & auch im Internet bestellbar
- Das Angebot von Lesungen, Wanderungen, Workshops zu verschiedenen Themen im ganzen Harz: Nachtwächter- & Teufelsführungen, erlebnisreiche Geburtstagstouren für Kinder; Kräuter- & Waldwanderungen, SagenhaftesGlück
- … von Coachings zum Thema natürlicher Lebensführung & Naturspiritualität
- Das Ausbilden von Sagen- & Märchenerzählern in unserem Basisworkshop & der einjährigen Erzählerausbildung!

Danke für dein Interesse! Dein Team von Sagenhafter Harz

HEIMATKUNDE

Carsten Kiehne arbeitet als Reiseleiter, Coach und freiberuflicher Sagenerzähler. Der verheiratete Familienvater (drei Kinder) publiziert Sagenbücher.

Der bellende Quedel

Sagenhafter HARZ

Tiefe Wälder, schroffe Felsen und unzählige Mythen und Sagen: Carsten Kiehne aus Bad Suderode sammelt und erzählt geheimnisvolle Geschichten aus seiner Heimat und bewahrt sie so für die Nachwelt auf

BÄUME heilig & heilsam

Kräuterglück

Heilende Geschichten

Der Schatz im Gegenstein

Zwischen Ballenstedt und Asmusstedt liegen auf einer Anhöhe zwei Sandsteinfelsen, Gegensteine genannt. Der Kleine gibt, wenn man gegen seine Mittagsseite spricht, jeden Ton im Echo zurück und heißt daher „der Laute" – der Teufel soll dort hineingefahren sein und die Touristen mit dem Nachäffen foppen. Neckt man ihn wieder, wird man mit Steinen beworfen. Den anderen nennt man „den Stummen". Aber langsam, weshalb der böse Geist hier einst sein Unwesen trieb, erzählt folgende allbekannte Sage:

Eines Sonntags ritt ein Bauer aus Ballenstedt kurz vorm Sonnenaufgang nach Quedlinburg, um zum Gottesdienst zu gelangen. Ermattet von den vielen Aufgaben, die er schon am Morgen erledigt hatte, schlief er auf dem Rücken seines Pferdes ein und erwachte erst, als sein Gaul ruhig grasend innehielt.

Was war das für eine seltsame Umgebung? Nie zuvor hatte er diese seltsamen Felsen gesehen, die vor ihm in den Himmel ragten. In den großen Felsen führte eine lange Treppe tief hinab. Die Neugierde trieb ihn an, sich der Öffnung zu nähern und hinabzusteigen. Unten erblickte er einen großen Kessel voll Gold, daneben einen gewaltigen Stein, der mit seltsamen Schriftzeichen und Edelsteinen verziert war, ...

und als drittes eine schöne silberne Peitsche. Neben den Kostbarkeiten aber saß, diese bewachend, ein großer schwarzer Hund mit feurigen Augen. Lange stand der Bauer vor den schönen Sachen und musterte sie sorgfältig. Langsam griff er in das Gold, doch der Hund rührte sich nicht.

Schnell rannte der Bauer die Stufen hoch, besah sich unter freiem Himmel das Erbeutete und dachte bei sich, wie er seinen Hof erweitern könne.

Würde er aber noch einmal hinuntergehen, könnte er sich eine Burg bauen, vielleicht ein reicher, angesehener Graf werden. Auch beim zweiten Griff blieb der Hund teilnahmslos sitzen. Erst als der Mann ein drittes Mal Gold an sich nahm, sprang der Hund dem Nimmersatten entgegen, verwandelte sich in den Teufel und tauchte die ganze Höhle in ein höllengleiches Flammenmeer. Der Ballenstedter rannte um sein Leben, ergriff in der Flucht aber noch die Peitsche, sie war arg zu verführend, und im letzten Moment sprang er ins Freie, bevor die zur Erde polternden Felsbrocken den Höhleneingang versperrten.

Mit Sausen und Brausen fuhr der Teufel hoch in die Luft und schlug im lauten Gegenstein wieder ein. Wie gesagt, soll der Teufel dort heute noch hausen.

Der Bauer der froh war, mit dem Leben davon gekommen zu sein und bekreuzigte sich. Wie er stolzen Herzens das erfasste Gold besah, stellte er erschrocken fest, dass es sich in wertlose Kiesel verwandelt hatte. Einzig die Peitsche war des Landmannes Lohn. Die Peitsche des Teufels! Als er dessen gewahr wurde, warf er sie weit von sich, ritt fiebernd nach Hause, worauf er drei Tage später gestorben sein soll.
(aufgeschrieben von Kiehne in „Die schönsten Sagen aus Ballenstedt & dem Selketal))

Der Schatz im Dunkeln

Uiuiuiui …, was für eine gruselige Sage – „Wie soll die denn heilend wirken?", fragt sich manch ein Leser vielleicht!? Nun ja, manchmal führt uns unser Weg eben genau dort entlang, wo die Angst sitzt. Wandlungsrituale zum Beispiel, die unsere Ahnen an jedem Wendepunkt im Leben abhielten, wie zur Jugendweihe, wirkten stets beeindruckend! Die Sage erzählt aber genau, was zu tun ist bzw. welche Geistesverfassung eher nicht zum Ziel verhilft: Angstlos sollte man sein, wenn man den Kenstein (Verkündigungsplatz, wovon sich der Name Gegenstein ableitet) betritt & freilich dürfe man nicht raffgierig sein. Ein reines, schönes Herz ist wichtig willst du die Probe vor Gott bestehen!

Bereit? ☺ Dann wähle einen besonderen Tag im Jahr, vielleicht die Sommersonnenwende (um den 21.06. herum) & gehe noch vorm Sonnenaufgang barfuß den Hügel zum Gegenstein hinauf. (PS: Die Vorstellung das zu tun, wirkt innerlich auch. Besser ist aber wirklich diese Reise zu dir selbst anzutreten & den Platz mit allen Sinnen wahrzunehmen!) Am Felsen angekommen, bitte ihn, einen seiner Schätze freizugeben. Dann setze dich mit dem Rücken an den Felsen & stell dir vor, du würdest Stufe für Stufe ins Dunkle hinabsteigen, um tief unten im vom Fackellicht erleuchteten Saal, eine Truhe stehen zu sehen. Öffne sie achtsam. Drinnen liegt dein Schatz, der dir bei deinem Wunsch („Gesund werden" vielleicht) hilft & den du mit ans Tageslicht nehmen darfst. Was ist dein Schatz? Wofür ist er da? Wie geht's dir, wenn du ihn benutzt? Bedanke dich & steige lächelnd wieder hinauf! ☺

Kleines Fest mit großer Tradition

Einmal im Jahr, genauer gesagt am 2. Advent, begeht Bad Suderode einen alten Brauch: Die Landesbergparade. Zu diesem Fest lädt die hiesige Berg- & Hüttenknappschaft, Teil des Harzklub-Zweigvereins Bad Suderode, jedes Jahr interessierte Bergleute & Zuschauer ein. Tausende Schaulustige verfolgen, wie 300 Bergleute aus 10-15 Vereinen in altem Habit (der Berguniform) durch den Kurort marschieren. Zuvor wird in der Neuen Kirche die Bergandacht gehalten, in der die Bergleute ihre Lieder singen, ihrer Toten gedenken & dem Herrn danken, fürs Überleben & den Bergsegen – die Ausbeute in diesem Jahr.

Einst war es der Reviersteiger, der die Männer vor dem eigentlichen Schichtende mit Klopfzeichen aus dem Berg herausklopfte, um ihnen im Huthaus nach der Predigt, ein zünftiges Mahl mit Schnaps & „gaahlem Geleucht" (Synonym für die Zigarette) zu kredenzen, die Mettenschicht. Bevor es das Festessen aber in Bad Suderode im Kurhaus gibt, präsentieren die Bergleute zuallererst einmal ihren Verein bei der Bergaufwartung im Kurpark.

Es ist ein erhebender Moment, wenn die Landes-Bergparade im leichten Schneegestöber den Grubenlichtermarkt passiert. Im Stockdusteren weist nur manche Straßenlaterne und die Fackel in der Hand, den Bergleuten den Weg hierher. Im Gleichschritt marschiert alles den Berg hinauf, getragen durch die Klänge eines Spielmannszugs. Die Passanten grüßen freundlich mit „Glück auf!" und „Glück auf!" schallt's stolz von den Bergleuten zurück. Steht dann alles endlich am rechten Fleck gibt's einen Gesang und alles stimmt ein. Und kein Auge der waschechten Bergleute bleibt trocken, erklingen die altbekannten Verse:

„Glück auf, Glück auf, der Steiger kommt und er hat sein helles Licht bei der Nacht und er hat sein helles Licht bei der Nacht, schon angezündt …"

Das oberste Foto stammt aus der „Mitteldeutschen Zeitun[g]"

Die Harzer Landesbergparade & die Barbara-Verehrung

Die heilige Barbara war solch ein Licht

… von ihrem Vater zum Tode verurteilt & enthauptet, weil sie sich weigerte, ihren christlichen Glauben & ihre jungfräuliche Hingabe an Gott aufzugeben. Sie war eine Fremde im eigenen Lande, in ihrer eigenen Familie, genau das bedeutet der Name „Barbara", die „Fremde", vom griechischen „Barbar" abstammend & meinend, sich nicht ausdrücken zu können, nur „Brbr-Laute" in fremden Zungen zu sprechen.

Auch den Bergleuten war sie ein Licht, deren Schutzheilige, wenn auch sie sich aufmachten, in fremde Untiefen vorzudringen, sich ins Unbekannte, ins Dunkle aufzumachen. Viele beteten zu ihr, vor jeder Einfahrt & nachdem sie die Schicht beendeten.

Auch pflegte man den guten Brauch, am Barbaratag (dem 04. Dezember) von einem Obstbaum einen Zweig zu schneiden & in der Mitte der Hütte in eine Vase zu stellen. Es verheiße einen großen Glücksfall im kommenden Jahr, würde der Zweig zum Weihnachtsfest aufblühen. Der Brauch geht auf eine Überlieferung der Heiligen zurück, heißt es, nach der sie auf dem Weg ins Gefängnis mit ihrem Gewand an einem Zweiglein, der eben dann aufblühte, als sie das Martyrium erlitt & ihre Seele gen Himmel auffuhr. – Eine alte Bauernregel besagt: „Knospen an St. Barbara, sind zum Christfest Blüten da!"

Nach anderer Vorstellung wurden dem Bergmann mit dieser Lebensrute alle Altlasten, Sorgen & Ängste abgeklopft, wodurch er dann im neuen Jahr, mit neuem Mut & Elan wieder einfahren konnte.

Im Leuchtkasten vor der Heiligen Barbara auf dem Bild dieser Seite sieht man einige Kerzen brennen. Diese entzünden die an der Bergparade teilnehmenden Bergleute, für ihre in diesem Jahr unter Tage gebliebenen oder andersartig verstorbenen Kumpel! Mögen sie in Frieden ruhen & möge ihre Seele wohlbehütet zum Heiland aufgefahren sein …!

Immer, wenn ich von altem Brauchtum lese oder darüber schreibe, frage ich mich: „Was hat das mit mir zu tun?"

Viel zu oft musste ich beobachten, dass wir alte Feste feiern, ohne dass sie uns im Herzen berühren. Diese Art des Zusammenseins finde ich, schmeckt nach kaltem Kaffee, ist oftmals bloßer Kommerz! Dabei ist es so wundervoll, wenn eine Gemeinschaft einen Brauch mit Gefühl, mit Sinn & Verstand neu aufleben lässt! Wofür könnte der Brauch also fürs Hier & Jetzt gut sein?

Wir könnten uns Zeit nehmen, unsere Toten zu betrauern, an sie zu denken & ihnen einen Platz an der Festtafel geben; könnten uns fragen, was uns noch belastet, was abgeklopft gehört, was wir endlich loslassen dürfen, um erfrischt ins neue Jahr zu gehen; könnten uns bewusstwerden, dass das Leben endlich ist. Wem möchte ich vergeben, bei wem, mich entschuldigen, wem danken!? Wir könnten uns im Vertrauen üben, dass nach dieser dunklen, wirren Zeit, wieder Licht kommen wird - diese Hoffnung ist derzeit bitter nötig, denke ich!

49

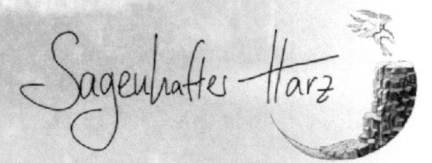

Die Sprache der Bergleute - ein eigener „Soziolekt"

Was bedeutet gleich …?

Abbau: Lösens von Mineralien aus der Lagerstätte; auch Ort, an dem das geschieht.

Abortkübel: Bergmannsklo (Behälter mit verschließbarem Deckel)

Abraum: Im Tagebau das die Lagerstätte überdeckende Gestein, von abräumen.

Absaufen: Ungeplantes Volllaufen der Grubenbaue mit Wasser.

Abteufen: Herstellen eines Schachtes von oben nach unten.

Alter Mann: Abgebaute Räume, die unzugänglich geworden sind

anhauen: ein(en) Abbau/Auffahrung, also eine Strecke beginnen

Arschleder: Gesäßschutz des Bergmanns (Schutz vor Nässe & Kälte beim Sitzen)

Auffahren: Einen Grubenbau herstellen.

Ausbau: Abstützung innerhalb des Bergwerkes.

Ausbeute: Überschuss aus dem Ertrag eines Bergwerks.

Barte (oder Bergbarte), kleines Beil mit Spitze & langem Stiel, für festliche Anlässe

Befahrung: Begehung eines Stollens, heute die Besichtigung eines Bergwerks

Berechtsame: Nutzungsrecht an bestimmten Grubenfeldern; im Bergrecht geregelt

Bergamt: Für den Bergbau zuständige Aufsichtsbehörde.

Bergdankfest: Christliches Fest der Bergleute zum Dank für ein unfallfreies Bergjahr, Gedenken an die Verunglückten und Fürbitte für das nächste Bergjahr

Bergfremder: Im Bergbau unerfahrene Person

Berggeschrei: Beginn des Silberbergbaus, vergleichbar mit Goldrausch in Amerika

Bergregal: Befugnisse einer höheren Macht, die zum Zweck der Rohstoffgewinnung über dem Grundbesitzrecht des Grundeigentümers stehen (Regalien = Reichsrechte).

Bewetterung: Versorgung des Grubenbaus mit Frischluft

Blindschacht: Schacht ohne Verbindung zur Erdoberfläche (Tageslicht)

Böse Wetter: schädliche Gasgemische (Explosionsgefahr, Vergiftung)

Bruch: Einsturz eines Teiles eines Bergwerkes.

Einfahren: Durch eine Tagesöffnung in die Grube gelangen.

Erzstufe: Erz- bzw. Gangstücke, die zum Zweck der Begutachtung gewonnen werden

Fahrkunst: Historische Vorrichtung zum Ein- und Ausfahren der Bergleute

Fäustel: kleiner Vorschlaghammer

Frosch: Öllampe; ein Geleucht.

Fundgrube: Grubenfeld, das aufgrund eines Mineralfundes an Muter verliehen wurde

Gebirgsdruck: Unsichtbare Spannung um einen untertägigen Hohlraum, Auslöser für Gebirgsschläge.

Gedinge: Vertrag über eine für ein bestimmtes Entgelt zu erbringende Arbeitsleistung

Geleucht: Vom Bergmann mitgeführte Grubenlampe (Frosch)

Gezähe: Werkzeug des Bergmannes

Glückauf (auch „Glück Auf!"): Bergmannsgruß

Häckel: ein Handstock, welcher zu festlichen Anlässen mitgeführt wird

Halde: Im Bergbau eine künstliche Anhäufung von Material (Abraum)

Hauer: Berg–Facharbeiter. Lehrhauer: entspricht etwa Lehrling.

Hauerschein: Befähigungsnachweis im Bergbau, durch die Hauerprüfung erlangt

Hunt: offener Förderwagen

Huthaus: Zentrales Verwaltungsgebäude eines Bergwerks, zugleich Materiallager, Gezähekammer, Werkstatt und Wohnung des Hutmannes

Katze: An der Decke hängendes, motorbetriebenes Transportsystem.

50

Carsten Kiehne   carsten.kiehne@gmx.net - 0160/99557252   www.sagenhafter-harz.com

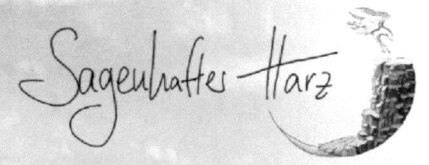

klauben: Auslesen der erzhaltigen Brocken und Krümel aus dem Fördergut

Knappe: Bergmann, der die Lehre abgeschlossen hat, Geselle

Knappschaft: Zusammenschluss von Bergleuten zur Durchsetzung von Berufsinteressen und zur gegenseitigen sozialen Absicherung

Kumpel: Bergmann

Kunst: Historische Bezeichnung für Maschinen – Wasserkunst: Maschine zum Heben von Wasser aus der Grube. Fahrkunst: Maschine zur vertikalen Personenförderung

Lachter: altes Längenmaß, ca. 2 m - das Clausthaler Lachter betrug 1,92 m

Lager: Sedimentäre Lagerstätte

Lochstein: Ein die Markscheide kennzeichnender Grenzstein über Tage

Lösen: Abführen des Grubenwassers oder Abwetter aus dem Grubenfeld oder Trennflächen zwischen Gebirgsschichten untereinander werden als Lösen bezeichnet.

Mächtigkeit: die Dicke einer Gesteinsschicht

Markscheide: Grenze eines Grubenfeldes, Grenze zwischen Grubenfeldern

Matte Wetter: Verdorbene/verbrauchte Atemluft mit zu geringem Anteil an Sauerstoff

Mettenschicht: Letzte verfahrene Schicht vor Weihnachten

Mundloch: Öffnung des Stollens an der Tagesoberfläche

Mutung: Die Verleihung von Bergwerkseigentum am bergfreien Mineral beantragen

Muter: 1. Finder eines Minerals, der dann die Mutung auf Verleihung des Bergwerkeigentums einlegte

Pinge: Von früherem Bergbau zurückgebliebene, mulden-/ trichterförmige Vertiefung

Pochwerk: Übertägige Aufbereitungsanlage zur Zerkleinerung des Materials

Püngel: Kleidung

Raubbau: Auf kurzfristigen Höchstgewinn gerichteter Abbau, unter Verzicht auf nachhaltigem Betrieb

Saline: Anlage, in der man aus Salzlösungen durch Wasserverdunstung Kochsalz gewinnt

Schacht: Seigerer, zum Fördern (Förderschacht) oder Bewettern (Wetterschacht); Schächte, die untertägige Grubenbaue nur verbinden, werden Blindschächte genannt

Scheffel: Altes Raummaß, zum Messen der Steinkohle verwendet

Schicht: Regelmäßige tägliche Arbeitszeit

Schichtgebet: Gebet, das die Bergleute vor Einfahrt und nach Ausfahrt beteten

Schichtmeister: Bergbeamter, der als Rechnungsführer des Bergwerks vereidigt war

Schießen: Sprengen unter Tage

Schlägel: Hammer zum Eintreiben des Bergeisens

Schlagwetter: Explosionsfähiges Gasgemisch aus Methan und Sauerstoff.

Seiger (auch saiger): senk-, lotrecht

Sohle: die Gesamtheit aller in einer Ebene gelegenen Teile eines Bergwerks

Spitzeisen: Meißel, der zum historischen Gezähe „Schlägel & Eisen" gehört

Steiger: Grubenaufseher, Bergbeamter.

Stempel: Stütze aus Holz oder Metall zum Abstützen des Gebirges

Stollen: horizontale Strecke mit einem Mundloch an der Tagesoberfläche

Störung: Trennfläche im Gebirge/Verschiebung von Gesteinsschollen

Stufe: Kleines Gesteinsstück, insbesondere Erzstufe

Tagebau: Abbau des Nutzminerals von über Tage

taub: Ein Lagerstättenteil, der keine abbauwürdigen Mineralien enthält

Teufe: Die Tiefe eines Schachtes oder einer Sohle

Tiefbau: Abbau unter Tage. Gegensatz: Tagebau

Verleihung: Zueignung von Bergwerkseigentum durch den Landesherrn

Wasserknecht: Bergmann, der für die Wasserhaltung des Bergwerks zuständig war

Wetter: Gesamtheit aller Gase im Bergwerk

Zeche: Anderer Name für Grube, Schachtanlage, „Zeche machen": abrechnen

51

Achte auf deine Gedanken

Drei Wünsche

Drei Bergleute, die als Holzarbeiter und Nachtschichtler eingesetzt waren, sollten in einem alten Stollen über Wernigerode nach dem Rechten sehen – hier knarzte das Gebälk, dass sich kein Bergmann mehr hinein wagte. Auch die drei waren nicht furchtlos, als sie die angegammelten Stempelausbauten sahen, aber vertrauten in Gott, dass der schon die Decke nicht über ihnen zum Einsturz bringen würde. Und ihre Arbeit schien Erfolg zu versprechen, fürwahr, sie waren ja auch Meister ihres Fachs. Nach gut sechs Stunden Arbeit war man getrost, dass man am anderen Morgen wieder einfahren könne. Da kracht's und donnert's mit einem Male so gewaltig, dass alle Lichter ausgeschlagen werden und die Bergleute das Schlimmste annehmen lässt.

Tatsächlich: Die ganze Strecke, auf der sie zurück müssen, war zugestürzt und sie in der tiefen Dunkelheit verschüttet – keine Menschenseele würde sie hier wieder herausbekommen und nach einigen entbehrungsreichen Stunden baten die Männer zu Gott, flehten zum Berggeist, der, was sie nicht ahnten, längst hinter ihnen im Felsen saß.

„Ich möchte nur einmal noch den Sternenhimmel sehen!", sagte der Erste, der außer sich niemanden hatte.

„Ich wünschte, ich könnte noch einmal mit meiner Verlobten zu Abend essen", weinte der Zweite, worauf der Dritte, dem viele Kinder am Beine hingen, sich länger besann und dann bat: „Möge ich noch ein gutes Jahr bekommen, sodass ich meiner Frau beistehen und sie versorgen kann, dann möchte ich gerne sterben!"

„Eure Wünsche sind erhört!", sagte da der Berggeist, öffnete den völlig Entgeisterten einen Spalt im Felsen und führte sie ins lichtvolle Freie. Doch kaum hatte der Erste die frische Waldesluft in alle Poren eingesogen, um dankbar in den Sternenhimmel über ihm zu blicken, da fiel er auch schon tot zu Boden. Da trugen die beiden Verbleibenden ihren toten Kumpel nach Hause, kreidebleich, denn wissend, was ihnen bevorstand. In Hasserode angekommen nahmen sie unter Tränen und mit einem letzten „Glück auf" voneinander Abschied. Der zweite starb noch am Abend in den Armen der Liebsten. Der dritte aber hatte ein ganzes Jahr und, weil er wusste, wann seine Zeit kommen würde, genoss er jeden noch so kleinen, kostbaren Augenblick.

Am Ende hatte er in nur einem Jahr mehr geliebt, als andere in drei ganzen Leben!

(aufgeschrieben von Carsten Kiehne in „Sagenhafter Brocken)

PS: An alle großen & kleinen Abenteurer: In unseren schönen Bergen gibt es viele offenstehende Mundlöcher. Fahrt trotz eurer Neugier auf keinen Fall in eine Höhle ein, die ihr nicht kennt – es besteht akute Lebensgefahr!!! Wir sammeln zwar immer, auch neue Geschichten, aber von eurem Ableben wollen wir nicht erzählen müssen! 😊

Sein Glück schmieden

Wie das gehen kann, lehren mich die altüberlieferten Geschichten! Oft darüber gesprochen: Jede Sage enthält neben den Sachinformationen, dem tatsächlichen Funken Wahrheit einer Erzählung (wem ist was, wann & wo geschehen?), einen erhobenen Zeigefinger. Aber lassen wir uns mal einen Moment mal nicht von ihm gängeln. Lasst uns diesen Finger einmal als Wegweiser durch die Dunkelheit unter Tage verstehen, denn wahrlich: Diese wirre Zeit, die wir in der Pandemie gerade erleben – unabhängig davon, was wir von ihr halten mögen – ist wahrlich eine Finsternis, aus der wir wieder ans Tageslicht kommen wollen, oder!?

Wenn ich im Dunkeln stehe, leide & mich über die furchtbaren Umstände beschwere, kann ich mich immer fragen: *Was kann ich tun, dass es noch schlimmer wird?* Komische Frage? Definitiv! Aber genau das machen wir so häufig. Wir leiden an unserem Leiden. Verbessern wir damit die Situation? In unserem Büchlein „Sagenhaftes Glück" verweisen wir auf den Weltbestseller „Anleitung zum Unglücklichsein" (von Watzlawick) & erklären ganz einfach, wie wir selbst den Himmel in kürzester Zeit zur Hölle erklären können! Wenn wir aber die Macht

haben, es schwerer zu machen, können wir auch das Licht einladen! Alles eine Frage unserer Entscheidung! *Wofür also entscheiden wir uns? Wovon scheiden wir & was rufen wir herbei?*

„Wir ernten, was wir säen!", heißt es. Ich denke, da ist Wahres dran.Oftmals beschweren wir uns nur über das, was ist, ohne zu überlegen, was sein soll & aktiv das Heft des Handelns wieder in die Hände zu nehmen!

Die Sage von den 3 Wünschen oder die des Wunschbaums erinnern mich daran, dass ich achtsam sein sollte, achtsam gegenüber meinen Gedanken (Wünschen), meinen Worten & meinen Taten. Gemeinsam legen sie den Samen für meine spätere Ernte. Was will ich ernten? ... Wohlstand? Gesundheit? Gute Freunde? Eine glückliche Partnerschaft? Zufriedenheit?

Wie fühlt es sich an, reich, vollkommen gesund, umgeben von guten Freunden & einem wertschätzenden Partner zu sein? Habe ich ein Bild vorm inneren Auge, das mein Gefühl bekräftigt? Wenn ja, ist es eine gute Übung, mir täglich dieses Wunschbild auf meine „Verstandesfestplatte" hochzuladen & mich mit allen Sinnen für einige Minuten einzufühlen. Wie oft ich das tun sollte, damit mein Wünschen Kraft bekommt? Die Sagen mahnen mindestens an den 4 heiligen Tageszeiten (06:00, 12:00, 18:00 & 24:00 Uhr) innezuhalten, zu beten & ebenso die Sonn- & Feiertage zu heiligen. Ein Gebet ist dabei nichts anderes als eine Bitte, ein frommer Wunsch, wobei Wünschen niemals aus einem Gefühl des Mangels heraus geschehen sollte. Vielmehr darf ich mich in einen Zustand einfühlen, in dem das Gewünschte bereits eingetroffen ist, ich ganz & gar vom Glück erfüllt bin – dann ist's ein Dankgebet: Darin liegt Kraft & Segen!

Wer die Kunst des Wünschens meisterte, darf sich im richtigen Sinnen & Handeln schulen. Die Bergmannsagen wissen, welche Einstellungen zum Erfolg führen: Hoffnung, eine Portion Humor, Liebe zum Tun, Fleiß, Aufrichtigkeit, Bescheidenheit, Achtsamkeit gegenüber der Natur, Freundlichkeit, Dankbarkeit, ein reines Herz!

53

Ein täglichen Training: Gerade heute, bin ich freundlich, achtsam, dankbar ...

Sponsoren gesucht

+ DIE SAGE VOM HEXENTANZPLATZ +

Endlich sind wir dabei unser Kinderbuch (Altersgruppe 2.- 4. Klasse) wieder neu aufzulegen – wurde auch Zeit. 😊 INHALTLICH wird die Sage von Watelinde vom Hexentanzplatz dargestellt. Schwarzweißbilder laden zum Ausmalen, Knobelaufgaben & Rätsel zum tieferen Auseinandersetzen mit der Sage ein. Auch die Kreativität kommt nicht zu kurz, wenn es heißt mit der Bauanleitung, sich einen eigenen Hexenbesen zu konstruieren. Durch Zaubersprüchen (positive Affirmationen) wird das Kind z.B. mutiger, lernt verschiedene Kräuter, Gruppenspiele uvm. kennen!

Wer das lokale Werk ab 40,- € unterstützt, wird namentlich im Buch erwähnt, bekommt ein signiertes Exemplar zugeschickt & hilft, den Kindern unsere Heimatgeschichte näher zu bringen! 😊 Das Buch wird später als Softcover-Variante mit dem Preis von 9,50- € in jedem Buchladen und im Internet erhältlich sein!

Danke für dein Interesse. Schreib einfach eine Mail, Betreff Buchsponsoring an carsten.kiehne@gmx.net

Harz'liche Grüße & lieben Dank, dein Carsten

Unsere Veröffentlichungen

Beiträge für Heimatkunde

- Sagen & Märchen von Bad Suderode
- Sagen & Mythen von Thale
- Die schönsten Quedlinburger Sagen
- Bad Suderöder Anekdoten
- Sagenhaftes Halberstadt
- Gernröder Sagen
- Sagen von Ballenstedt & dem Selketal
- Quedlinburger Anekdoten
- Sagenhaftes Blankenburg

Sagen für Kinder

- Die Sage der Rosstrappe
- Die Sage vom Hexentanzplatz
- Die Unsichtbaren Helfer von Quedlinburg

Diverse Sagensammlungen

- Bekannteste Sagen aus dem Ostharz (2016)
- Sagenhafter Südwestharz (2017)
- Sagenhafter Brocken (2017)
- Kräutersagen aus dem Harz (2018)
- Sagenhafte Sagensammler (2018)
- Sagenhafter Nordharz (2019)
- Sagenhafter Südharz (2019)
- Sagenhaftes Glück (2020)
- Bäume – heilig & heilsam (2020)

Unser Magazin, „Sagen & Märchen als Weggefährten"

Viermal im Jahr bringt „Sagenhafter Harz" ein eigenes Magazin heraus. Die Sponsoren & all jene, die in unserem Mailverteiler sind, bekommen es als PDF kostenlos per Mail zugesandt. Das ist unser Geschenk für Harz- & Heimat-liebende! ☺

Natürlich könnt ihr die letzten Ausgaben auch in Papierausgabe käuflich erwerben. Damit macht ihr nicht nur euch ein Geschenk, sondern auch uns, ist es doch immer schön, wenn sich Mühe lohnt! Die Einnahmen kommen übrigens der Erweiterung unseres Archives zugute, so dass wir euch noch lange mit „ausgebuddelten" Sagen erfreuen können.

$\mathcal{D}$u schätzt unsere Arbeit & willst „Sagenhafter Harz"

unterstützen? ☺ Dann empfiehl uns gerne weiter, beteilige dich an einem Buchsponsoring & kaufe gern eines unserer Bücher! Damit hilfst du, unsere Heimatgeschichte lebendig zu erhalten.

VORANKÜNDIGUNG: Ab Januar 2021 wird dir monatlich per Mail eine Kurzausgabe der Weggefährten zugeschickt. All die Monatsausgaben drucken wir nur einmal im Jahr. Wir hoffen, das kommt dir entgegen & du hast weiterhin Gefallen an unserem Tun! ☺

(Ein Wandel ist bitter nötig, macht das Erstellen unserer Quartalshefte zwar unglaublich viel Spaß, auch bekommen wir zunehmend mehr positives Feedback – unsere Hauptprojekte kamen aber darum 2020 redlich zu kurz!)

Wir wünschen dir & deinen Lieben ein märchenhaftes Weihnachtsfest & einen guten Übergang ins neue Jahr! Sagenhaft schöne Stunden, deine Manuela & dein Carsten